W0472420

gutes leben
bene!

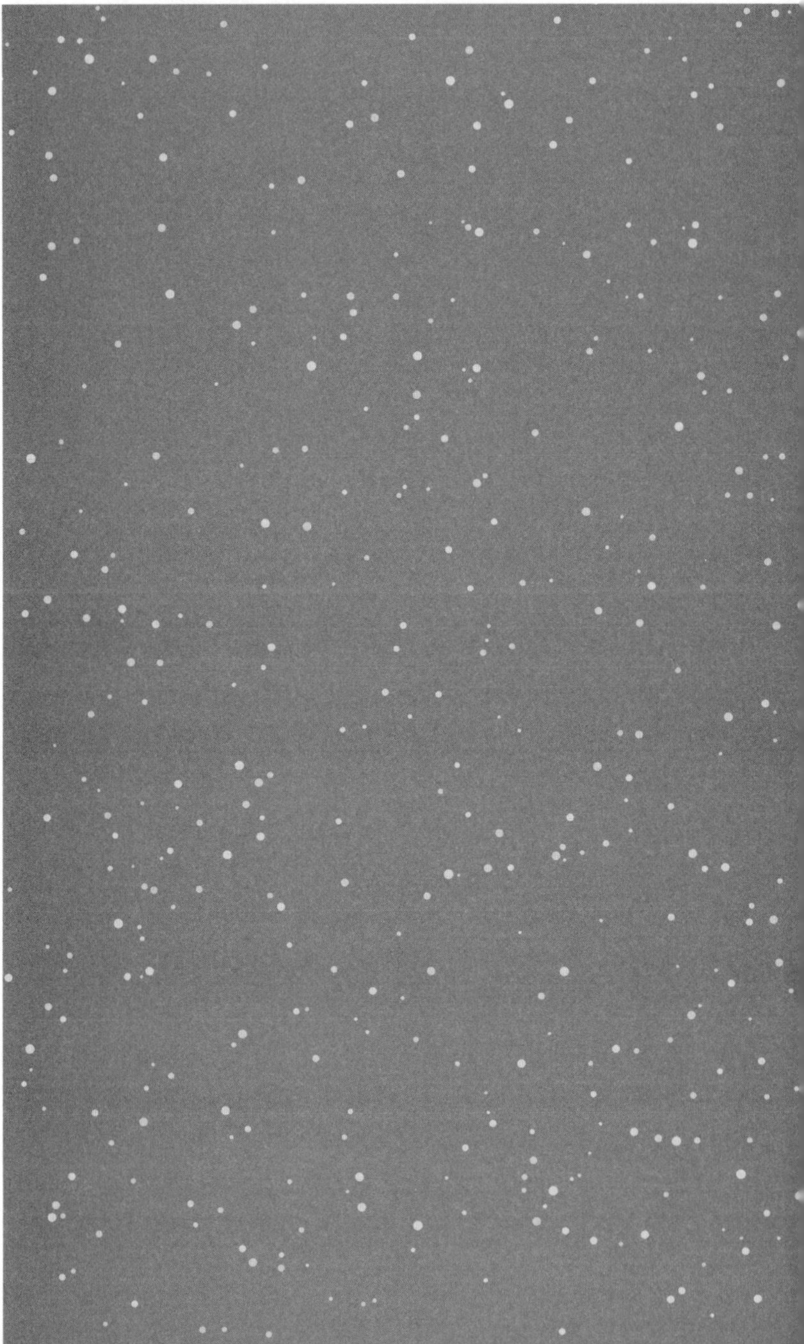

Wir werden weiter träumen
und keiner rede uns drein,
wir wollen überschäumen
in unsrem Eigen-Sein.

Konstantin Wecker

Wir werden weiter träumen

Poesie für eine bessere Welt

INHALTSVERZEICHNIS

TEIL 2

VORWORT

»Vielleicht fehlt uns der Träumer, und wir wissen noch nicht einmal, dass er uns fehlt... Der Träumer, der wahre, begeisterte, irre, der einsame, der wirklich verlassene, der einzige tatsächliche Rebell«. Dieser Satz von Henry Miller hat mich mein ganzes Leben begleitet, animiert, inspiriert – und mich bestärkt in meiner Einsamkeit. Als junger Mann hab ich den Text das erste Mal gelesen. Er hat mir geholfen, wenn ich mich wegen meiner Träume und Utopien verlacht fühlte und oft sogar von meinen Kommiliton*innen gemobbt wurde.

Und als ich jetzt wieder Arno Gruens wunderbares Büchlein »Ich will eine Welt ohne Kriege« zur Hand nahm, entdeckte ich erneut dieses Zitat.

Wie wichtig ist es jetzt doch wieder geworden, sich von der Kunst ermutigen zu lassen, zu sich selbst zu stehen, seine Utopien zu verteidigen und sich nicht von machtgierigen, ideologischen Strategien vereinnahmen zu lassen.

Mein Freund Arno schrieb im Jahre 2006: »Hier haben Feindbilder ihre Ursachen: Wir brauchen sie, um mit unserem eigenen geschädigten Selbst weiter zu leben und uns vor dem Gefühl eigener Minderwertigkeit zu schützen. So werden Aggressionen auf andere projiziert, damit man sich selbst als aufrecht gehend erleben kann. Leider definiert unsere Kultur dieses pathologische Verhalten als ›gesunde‹ Normalität.«

Und das trifft den Kern des Wahnsinns, der gerade wieder »durch die Nacht schleicht«, wie ich vor vielen Jahrzehnten geschrieben habe: »Denn uns hat der Wahn um den Sinn gebracht.«

Anstatt das militärische, kriegerische Denken endlich in ein gemeinsames und wirklich gleichberechtigtes und mitfühlendes Miteinander zu wandeln, will man uns wieder – wie seit Jahrtausenden – eintrichtern, dass eine friedliche Welt nur mit Waffengewalt erreicht und bewahrt werden kann.

Und anstatt uns endlich unserem geschädigten Selbst zuzuwenden, bekämpfen wir immer weiter neue Feindbilder, um unseren Schmerz in ihrem zu übertünchen.

Mir hat die Poesie mein ganzes Leben lang Kraft gegeben, auch über mich hinweg zu sehen, mein Ego zu überflügeln und mich von den Worten in mein wirkliches Sein verwandeln zu lassen. Leider nicht für immer, aber immer wieder.

Und irgendwann war es mir egal, wer diese Worte schrieb. Meine hochverehrten, innig geliebten Meisterinnen und Meister oder ich selbst.

Die Poesie gehört uns allen, denn sie wartet schon immer darauf gepflückt zu werden, wie die Blüten eines Maulbeerbaumes, oder im Wind zu verwehen.

Alle Verse sind schon geschrieben, von einer tieferen Weisheit, als unsere Schulweisheit es sich erträumen lässt.

Lasst uns irre, einsame, verlassene, tatsächliche Rebellen sein.

Nur so werden wir diese gierige, profitorientierte, klägliche und zerstörerische Welt in ein liebevolles Miteinander verwandeln.

Konstantin Wecker
Juni 2023

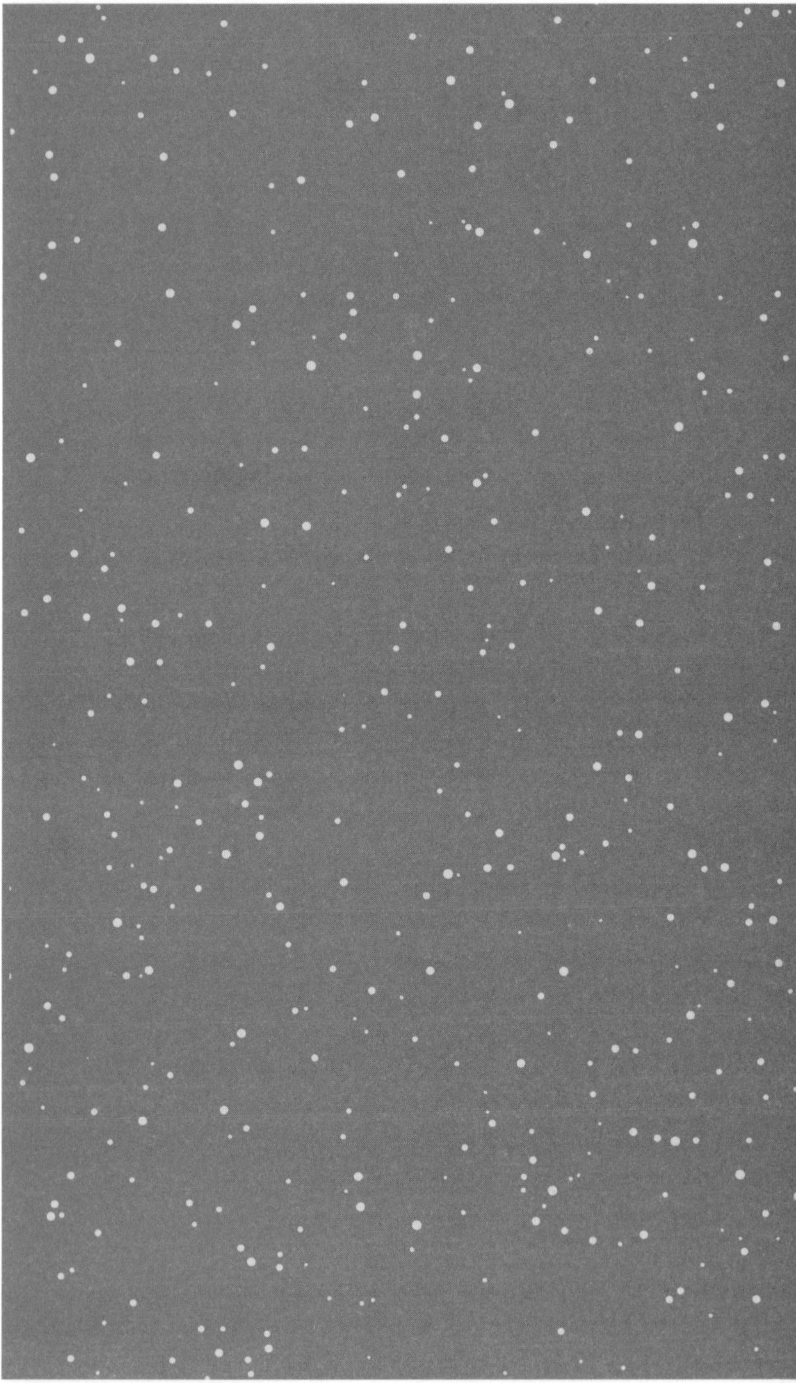

TEIL 1

LYRIK, PROSAGEDICHTE, LIEDTEXTE, GEDANKEN

2012–2020

LIEBER MITMENSCH,

der du so gerne gewisse Menschen verächtlich oder
auch wütend als Gutmenschen zu entwürdigen
versuchst,

ich hätte da eine Frage:

Was stört dich denn nun so am Gut-sein-Wollen
mancher deiner Artgenossen?

Dass er sich sorgt um sich und seine Lieben
in einer Gesellschaft, die, ungeübt im Miteinander,
das Gegeneinander zum Fetisch erhebt,
in einer Gesellschaft, die statt Fürsorge Konkurrenz
aufs Banner geschrieben hat,
statt Mitgefühl Gleichgültigkeit,
was stört dich so an jemandem, der sich nicht damit
abfinden will,
dass die meisten Wohlhabenden oft nur noch
Verachtung übrig haben für die viel zu vielen
Armen,
Verachtung statt Mitgefühl,
Arroganz statt Bescheidenheit,
was stört dich daran, dass manche schlecht schlafen,

weil sie wissen, dass ihre Lebensweise mit schuld daran ist, wenn mehr als 25 000 Kinder pro Tag an Hunger sterben? Und sie schlafen schlecht für sich allein und ohne deinen sicher wohlverdienten Schlaf zu stören.

Ja, lieber Nichtgutmensch, warum verspottest du jene, die lernen wollen ihr Herz zu öffnen für alle, die »drunten sterben, wo die schweren Ruder der Schiffe streifen«, auch wenn sie »beim Steuer droben wohnen und Vogelflug kennen und die Länder der Sterne«,
warum nur verachtest du alle, die sich stark machen für jene, die zu schwach sind um für sich zu sprechen,
warum verachtest du die Schwachen, lieber Nichtgutmensch?

Weil wir in einer Gesellschaft der Starken und Kräftigen leben und weil nun mal die meisten die Schwachen verachten,
weil sie es so gelernt haben als Kinder und es ihnen von starken und engstirnigen, verzweifelten und verschlossenen Männern eingebläut wurde.

Könnte es sein, lieber Mit- und Nichtgutmensch, dass es dich stört, wenn nicht alle mitjohlen im Jubilate über den freien Markt, ein Gesangsverein, der oft so burschenschaftlich daherkommt, könnte es sein, dass dich manche eben doch verunsichern, weil sie ihr Herz nicht verschlossen haben und weiterhin versuchen mit ihm zu denken, könnte es sein, dass diese Gutmenschen, die soviel ich weiß, dir persönlich nie etwas angetan haben, dein Heim nicht zerstört, dein Guthaben nicht geplündert, dein Auto nicht zu Schrott gefahren haben, dir dein Bankkonto nie gekündigt haben, könnte es sein, dass sie dir etwas wieder entdecken und aus der Versenkung holen, was du verbannt hast aus deinem Sein und Fühlen, könnte es sein, dass sie dich an etwas erinnern, was du immer noch in dir trägst, aber schon lange zu entsorgen versucht hast, könnte es denn sein, werter Nichtgutmensch (denn es käme mir nie in den Sinn dich als Schlechtmensch zu diffamieren), könnte es also sein, dass wegen dieser verdammten Gutmenschen so was wie ein Gewissen in dir wieder zum Leben erwacht und du deshalb so verächtlich und respektlos bist?

Und glaub mir, verehrter Nichtgutmensch, egal ob sie etwas erreichen oder nicht, ob sie die Welt verändern oder mit ihr und an ihr zugrunde gehen, diese Gutmenschen sind mir tausendmal lieber und wertvoller, liebenswerter und spannender, erotischer und witziger als all die Karriereversessenen Sichnichteinmischer, Sichausallemraushalter, all diese überheblich lächelnden und ewig pubertierenden coolen, unlebendigen, farblosen und dumpfen Drübersteher. Mögen sie noch so angeblich klug parlieren und schwadronieren – sie nehmen nicht wirklich teil am Leben, sie sind nie mittendrin und deshalb aus allem raus.

Und wirklich, du lieber Nichtgutmensch, auch dich hätten wir gern auf unserer Seite, der Seite der meist erfolglosen, oft genug scheiternden, immer suchenden, gern staunenden und verzweifelt Liebenden.

Aber so du denn nicht zu uns stoßen willst, beschimpf uns ruhig weiter.

Wir sind's gewöhnt, und dir scheint es ja auch gut zu tun.

EINE REVOLUTION DES GEISTES

Was hilft der Zorn auf Ungerechtigkeiten, wenn er einzig beweisen soll, wie gerecht man selbst ist?

Was hilft es, etwas besser zu wissen, wenn man dadurch zum Besserwisser wird?

Was darf man vom anderen fordern, nur weil man glaubt im Vollbesitz der Wahrheit zu sein?

Ich wünsche mir eine Revolution, aber eine Revolution des Geistes, getragen von Vernunft und der Weisheit der Poesie und nicht von der Kurzatmigkeit selbstherrlicher Ideologien.

So wichtig es ist, sich zu engagieren, sich einzumischen, teilzunehmen, so notwendig ist es auch, sich immer wieder selbst zu hinterfragen, ob man überhaupt noch zum Mitfühlen fähig ist.

Es ist die Kunst, die uns mit ihren Bildern des Unbewussten, Nichterklärlichen, nicht Auszudeutenden die Richtung weist, um die Anbindung unseres Denkens an unser Herz nicht zu verlieren.

Die uns hilft unsere Vorurteile zu erkennen,
uns selbst zu finden.

Die Kunst lässt uns das Zuhören wieder lernen, ein aktives Zuhören, das am Ende immer auf uns selbst verweist.

Wer sich ausschließlich in intellektuellen und politischen Konzepten verliert, läuft Gefahr seine Empathie zu verlieren.

Wer nicht mehr bereit ist, die Schönheit der Kunst als Nahrung der Seele zuzulassen, kann leicht zu einem politischen Eiferer mutieren.

Alle Diktaturen, alle Ideologien gehen Hand in Hand mit der Beschränkung der kulturellen Vielfalt. Despoten ist Kunst ein Gräuel, denn sie könnte sie daran erinnern, in sich zu gehen. Sie könnte Saiten in ihnen zum Klingen bringen, die sie schon lange als lästiges Beiwerk abgelegt haben.

Wie viel einfacher ist es da, einem Regelwerk zu folgen, das zwar willkürlich ist, aber wenigstens in sich stimmig scheint.

Ja, ich bin dafür, radikal etwas zu ändern an dem Zustand dieser Gesellschaft, aber nie um den Preis, dabei ein liebevolles Miteinander aus den Augen zu verlieren. Wenn nicht das, wenn nicht die Liebe die Basis und auch das Grundanliegen einer neuen, dringend notwendigen Revolution ist, bin ich nicht mehr dabei.

DIE SEITE DES HERZENS

Wer bin ich
dass ich mir zugestehen dürfte
ich wüsste in jedem Augenblick
die richtige Handlungsweise?
Wer bin ich schon
dass ich mir erlauben dürfte
immer zu wissen was für andere falsch und richtig
vernünftig und töricht sei?
Wer bin ich
dass ich der Welt ein starres Bild überstülpen dürfte
mit dem ich sie eindeutig erkläre?
Ich habe kein Recht dazu
denn ich bin alles andere als perfekt.
Und ich habe schon lange
allen Heilslehren abgeschworen
die mir erzählen wollten
wie man zu denken habe
um perfekt zu sein.

Ich kann mich einzig auf die Seite des Herzens
schlagen.
Und mein Herz
jeden Tag aufs neue befragen
was zu tun sei.
Wie oft habe ich mich schon geirrt
habe ich Wahres für falsch
und Falsches für wahr gehalten –
zu oft
um endgültige Wahrheiten zu verkünden.
Heilung findet man nie in einer Lehre.
Nur in der tätigen Güte.
Und die ist nur auf der Seite des Herzens zu finden.

EIN KLEINER HÖCKERICK

Der den Islam gern aus Deutschland raus löcke:
Wer soll das schon sein? Natürlich Björn Höcke.
Der angeblich wider den Stachel stets löcke:
Wer kann das nur sein? Schon wieder Björn Höcke.
Keine Moschee, die er nicht gern entpflöcke,
keiner schießt solche rhetorischen Böcke,
kleidet sich in demokratische Röcke,
obwohl er im braunen Gewand lieber stöcke –
gut wärs, wenn man beim Spiel dich verzöcke:
dann wär'n wir dich endlich los, Björn Höcke!

DER LIEBE ZULIEBE

Buddhisten ist Hass ein Geistesgift,
tibetisch *dug gsum*,
eine Geistesverschmutzung,
eine der drei Wurzeln des Unheilsamen.
Und in einer Geschichte der Sufis heißt es:
Hass ist,
wie wenn man Gift zu sich nähme,
in der Hoffnung
damit seinen Feind zu töten.
Und wer hasst, kann sich des größten Geschenkes
der Liebe nicht erfreuen:
der Vergebung.
Wenn wir unseren Feinden vergeben,
lernen wir auch uns selbst zu vergeben.
Und nur dann wird es uns möglich sein,
aus unserem hasserfüllten Kosmos auszubrechen,
mitzufühlen mit dem Leid des Gegners
und somit auch selbst den Weg des Friedens zu
gehen.
Ein chinesisches Sprichwort sagt:

Jedes Ding hat drei Seiten:
eine, die du siehst,
eine, die ich sehe,
und eine, die wir beide nicht sehen.
Keiner Ideologie, keinem politischen Machthaber
war je daran gelegen,
den Feind wirklich zu verstehen.
Ideologien nähren sich an ihrem jeweiligen
Feindbild,
sie wachsen daran,
bis sie letztendlich zerplatzen und wieder neue
Feinde gebären.
Und solange wir ihnen blind vertrauen,
werden wir immer wieder
gehorsam die Namen unserer Metzger skandierend
zur Schlachtbank marschieren.
Letztlich sind wir nur Kanonenfutter,
denn solange auch nur ein Mensch am Krieg Geld
verdient,
wird es Kriege geben.
Wie es aussieht, werden wir diese Welt nicht
friedlicher machen.
Aber wir sollten es trotzdem versuchen.
Der Liebe zuliebe.

HASS KANN MAN VERWANDELN

Ich weiß, und hab es hier und anderswo immer wieder erlebt:
Man kann auf Hass
mit Verständnis reagieren,
dann wird einem Selbstverliebtheit vorgeworfen.
Man kann Hass
mit Liebe beantworten,
dann wird man als Lügner beschimpft.
Man kann Hass unbeantwortet lassen,
dann wird man als Feigling verachtet.
Anscheinend haben wir eine Kultur,
die nur versteht,
wenn man Hass mit Hass beantwortet.
Dann ist man mutig,
männlich,
wird nicht verlacht.
Ist das ein Naturgesetz?
Wohl kaum.
Es ist das alte,
dumme,
durchschaubare Spiel,
von den Herrschenden
– meist männlichen –

als Naturgesetz verkauft,
von den Ohnmächtigen
als solches akzeptiert.
Versöhnung heißt nicht,
alles gutheißen.
Versöhnung heißt nicht,
sich in eine Kuschelecke zurückzuziehen.
Versöhnung ist radikal
und erfordert den Mut,
zu seiner Meinung zu stehen.
Sie verständlich zu machen.
Ohne Gebrüll,
ohne Verletzung,
ohne Waffen,
ohne Kriege.
Aber zu etwas stehen meint auch:
ver-stehen.
Andere,
anders Denkende,
anders Gebildete,
in anderen geistigen Universen Lebende
verstehen.
Verstehen –
nicht gutheißen.
Erst wenn ich den Nächsten verstehe,
kann ich mich begreifen.

Hass ist immer aus Schmerz geboren.
Aber Hass kann man verwandeln.
Denn jedem Hass
wohnt eine tiefe Sehnsucht nach Liebe inne.

PAZIFISTISCHES CREDO

Auch wenn ich selbst in die Welt hinauszöge
waffenstrotzend
um das Böse zu besiegen
ich könnte die kriegerischen Mörderbanden nicht
stoppen
und auch die mächtigsten Waffen in der Hand ihrer
Gegner
können sie nicht stoppen
denn sie erzeugen immer neues Gemetzel.
Was man mit Gewalt gewinnt, kann man nur mit
Gewalt behalten
weiß Gandhi
und wenn schon dieser Kreislauf nicht von den
meisten anderen durchbrochen wird
so bleibt mir nur
ihn in meinem Herzen zu durchbrechen
und zu hoffen
dass es mir gelingt gewaltfrei zu bleiben
auch wenn auf mich angelegt werden sollte.

Und wäre ich mit diesem Glauben allein auf der Welt
so würde ich von meiner bedingungslosen Liebe
zum Frieden nicht ablassen
denn mittlerweile wäre es mir weniger wichtig
mein Leben zu verlieren
als meinen Glauben an die Schönheit dieser Utopie.
Es wird immer einen Grund geben andere zu
bekämpfen
und diesem Kampf zu entsagen
kann man nur für sich allein entscheiden.
Deshalb sind mir Uniformen so zuwider
und alles Militärische
denn da wird immer einer sein
der mir befehlen wird zu schießen
und der mir sagen wird
er wüsste was gut und richtig sei
und was böse und falsch.
Ich fordere die Freiheit dieser Entscheidung nur für
mich
und ich werde nie versuchen
sie jemand anderem aufzuzwingen.
Aber werben möchte ich dann doch dafür
am liebsten mit den Mitteln der Poesie und der
Musik.

Das Gewalttätige mag tief in jedem Menschen
verborgen sein
und manchen steht es sogar stolz auf der Stirn
geschrieben
aber es kann nicht die eigentliche Bestimmung
des Menschen sein
denn es ist der Tod der Liebe
aus der wir alle geboren sind
und die uns allein erlösen kann.
Mögen es manche feige nennen, dumm oder naiv
ich hoffe, ich werde, wo ich es vermag
den Bedrängten helfen
aber ich will es nicht tun
indem ich neue Gewalt aussäe.
Und sollte sich dereinst erweisen
dass ich mich geirrt habe
bitte ich um Vergebung.

SAGE NEIN, Version 2003

Wenn sie jetzt ganz unverhohlen
Mit bewährten Kriegsparolen
Scheinheilig zum Höchsten beten
Und das Recht mit Füßen treten
Wenn sie dann in lauten Tönen
Einzig ihrer Machtgier frönen
Denn am kriegerischen Wesen
Muss nun mal die Welt genesen
Dann steh auf und misch dich ein
Sage Nein

Meistens rückt dann ein Herr Wichtig
Die Geschichte wieder richtig
Und behauptet nur mit Kriegen
Ließe sich die Welt befrieden
Diese fleischgewordne Lüge –
Ach man kennt es zur Genüge
Mach dich stark und misch dich ein
Sage Nein

Ob als Penner oder Sänger
Bänker oder Müßiggänger
Ob als Priester oder Lehrer
Hausfrau oder Straßenkehrer
Ob du sechs bist oder hundert
Sei nicht nur erschreckt, verwundert
Tobe zürne, misch dich ein:
Sage Nein

Wenn sie dich jetzt rekrutieren
Hab den Mut zu desertieren
Lass sie stehn, die Generäle
Und verweigre die Befehle
Menschen werden zu Maschinen
In den Militäranstalten
Niemand soll mehr denen dienen
Die die Welt so schlecht verwalten
Nie mehr solln uns jene lenken
Die nicht mit dem Herzen denken
Lass dich nie mehr auf sie ein
Sage Nein

Und es bleibt mein Traum, ihr Lieben
Auf den Straßen, auf den Plätzen
Finden sich die Freunde ein
Sich dem Wahn zu widersetzen
Jetzt muss Schluss sein mit dem Schweigen
Dem Gehorsam, dem Verstecken
Wenn für unser Wohlbefinden
Hunderttausende verrecken
Dann ist's Zeit zu widerstehen
Wenn, dann aufrecht untergehn
Dann steht auf und misch dich ein
Sage Nein

WENN UNSRE BRÜDER KOMMEN

Wenn unsre Brüder kommen
Mit Bomben und Gewehren,
Dann wolln wir sie umarmen,
Gewaltlos uns erwehren.

Sie sehen aus wie Feinde,
Sie tragen Uniformen,
Sie sind wie wir verblendet
Und festgefahrn in Normen.

Auch wenn sie anders sprechen,
Wir wolln mit ihnen reden.
Es solln die Präsidenten
Sich doch allein befehden!

Jedoch, bevor sie kommen,
Wär's gut, sich zu besinnen.
Ein jeder muß die Liebe
Mit sich allein beginnen.

Wenn unsre Brüder kommen
Mit Bomben und Gewehren,
Dann wolln wir sie umarmen,
Gewaltlos uns erwehren.
Dann wolln wir sie umarmen,
Uns liebevoll erwehren.

JA, ICH BIN EIN »GUTMENSCH«

Liebe HasskommentatorInnen, BeleidigerInnen,
BeschimpferInnen – ich mache mir eure
Beleidigungen gerne zu eigen. Jede einzelne sei hier
in Gänsefüßchen angeführt:
Ja,
ich bin ein »Gutmensch«.
Gefällt euch Schlechtmensch besser? Warum habt
ihr nur so viel Widerwillen gegen den Versuch,
Güte und Mitgefühl in politisches Engagement
einzubringen?
Und ja,
ich bin ein »linksgrünversiffter Altachtundsechziger«,
und ich kämpfe weiterhin für eine gewaltfreie
Revolution des Bewusstseins.
Und ja,
ich bezeichne alle Fremdenhasser und Rassisten,
die sich der Parolen und Wahnvorstellungen der
Nationalsozialisten bedienen, als »Nazis«, auch wenn
die Betreffenden es immer wieder von sich weisen.
(Warum eigentlich? Ist es euch doch peinlich?).
Ja, ich bin »weltfremd«,
denn eure Welt ist mir fremd und ich bin froh
darüber.

Wer »zu viel Mitgefühl hat, hat keinen Verstand«?
Ich verzichte nur allzu gern auf euren vom
Menschsein getrennten Verstand.
Verstand ohne Mitgefühl führt zum Wahnsinn.
Man kann das ganz gut am derzeitigen Zustand
unserer Erde beobachten.
Und ja,
ich bin auch ein »Vaterlandsverräter« – denn »ein
ganzes Land als Vater war schon immer eine
Lüge…« Mit dem Wort Vaterland kann ich nun mal
nichts anfangen, und Nationalismus ist eine üble
Seuche, die wir spätestens seit 1945 hätten
überwinden müssen.
Und ja,
ich bin »naiv«,
denn wie kann man euer Weltbild ertragen,
ohne naiv zu sein?
Und einzig diese Naivität erlaubt mir auch,
mit eurer verängstigten Seele mitzuempfinden.
Und:
Ihr selbsternannten Realisten habt keine Ahnung
von der Wirklichkeit.
Eure angsterfüllte, sogenannte Realität gleicht einer
Arachnophobie. Ihr wisst doch: Die kleinste Spinne
füllt für jemanden mit übersteigerter Angst vor
Spinnen den Raum im eigenen Hirn, als wäre sie

eine lebensgefährliche Bedrohung.
Er nimmt nichts anderes mehr wahr als die Panik, die ihm sein Hirn vorgaukelt.
So nimmt euch die Angst vor den Flüchtlingen, vor dem Fremden, vor dem Anderen, Neuen und Unberechenbaren gefangen.
Und das nennt ihr dann Realität.
Da hilft kein Söder, keine AfD, und auch ein Bachmann nicht –
da hilft nur noch ein Psychiater.
Solange ich bei Kräften bin, werde ich mich gegen euer Weltbild zur Wehr setzen.
Als Pazifist.
Als Humanist.
Als Antifaschist.
Als radikaler Demokrat.
Als Mensch.
Und nun wende ich mich wieder mit großer Freude meinen Freundinnen und Freunden, den Gutmenschen, zu.
Denn jede noch so kleine helfende Geste dieser Menschen ist wichtiger als euer Gebell im Wald eurer Phobien.

DENKT MIT DEM HERZEN

Und wenn sie euch sagen
das Boot ist voll
wir können keine Flüchtlinge mehr ins Land lassen
dann antwortet ihnen:
Denkt mit dem Herzen.
Über zwölf Millionen deutsche Flüchtlinge und
Vertriebene
sowie fast zwölf Millionen ehemalige Zwangs-
arbeiter
und ausländische KZ-Insassen
mussten nach dem Ende des Krieges eine neue
Heimat finden.
Die Integration der Vertriebenen in das massiv
zerstörte
und verkleinerte Nachkriegsdeutschland
schien zunächst kaum lösbar.
Und wenn sie euch sagen
viele von denen haben doch sogar eigenes Geld
dann:
Denkt mit dem Herzen
denn wenn ihr fliehen müsstet und alles verlassen
was euch lieb ist und teuer
dann würdet ihr doch auch versuchen

alles was ihr besitzt und je besessen habt
zu verkaufen
um Geld mitzunehmen
auf diese ungewisse
schier ausweglose Reise.
Und wenn sie euch sagen
da kommen ja fast nur junge Männer an
und kaum Frauen mit Kindern
dann:
Denkt mit dem Herzen.
Würdet ihr nicht auch versuchen
im äußersten Elend
die kräftigsten eurer Familie auf die Reise zu
schicken
damit sie euch vielleicht sogar eines Tages
nachholen können?
Und wenn sie euch sagen
die prügeln sich doch in ihren Unterkünften:
Denkt mit dem Herzen.
Wie lange würdet ihr es wohl aushalten
eingepfercht zu sein,
oft ohne Strom und Wasser
und bei schlechter Ernährung,
ohne nicht einmal aggressiv zu werden
ohne durchzudrehen?
Und wenn sie euch sagen

was haben wir mit denen zu tun
die glauben doch an einen anderen Gott
die sind von einer fremden Kultur
dann:
Benützt euren Verstand.
Kulturelle Reinheit ist eine Illusion.
Und die führte bei uns zu der schrecklichsten
Diktatur
der Menschheitsgeschichte.
Menschen sind wichtiger als Kulturen
sagt das all jenen
die sich so gerne mit Fakten schützen
deren Herkunft viel unsicherer ist
als das eigene Mitgefühl
sagt es ihnen
nicht hasserfüllt
doch bestimmt.
Erinnert sie an ihre eigenen Kinder
versucht ihnen zu vermitteln
wie es sich anfühlen würde
wäre man selbst an der Stelle dieser Ärmsten.
Wer anderen die Herberge verwehrt
verdient es
sein Heim zu verlieren.
Denken wir mit dem Herzen.
Besiegen wir den Hass durch Zärtlichkeit.

WARUM ICH KEIN PATRIOT BIN

Weil ich gut ohne Patria leben kann,
ohne eine
in einen Nationalstaat gezwängte
Heimat,
ohne Vaterland.
Weil die ganze Welt, ja das ganze Universum,
meine Heimat ist
und weil ich mich den Tieren fernster Kontinente
manchmal näher fühle
als gewissen Menschen meines Heimatlandes.
Weil ich da zu Hause bin,
wo ich mir in der Stille selbst begegnen kann,
wo herzliche und offene Menschen meinen Weg
säumen,
egal
wo mich das Schicksal gerade hin verschlagen hat.
Weil mir mein Klavier heimatlicher ist
als ein grenzbewehrtes,
von Uniformierten bewachtes Land.
Weil ich meine von Kindheit erlernte Sprache
überall hin mitnehmen kann
und weil sie mich,
selbst wenn ich nicht verstanden werde,

immer versteht.
Ich bin kein Patriot,
weil Patriotismus ein erster Schritt ist
zu Überheblichkeit und letztlich
zu bewaffneten Auseinandersetzungen.
Weil gerade wir Deutschen doch gelernt haben
sollten,
wie wichtig die Bewältigung
und zwar die immerwährende Bewältigung
der Schuld ist.
Einer Schuld,
die aus Patriotismus und Nationalismus
geboren wurde.
Die Welt darf nie aufhören
über den Holocaust nachzudenken,
denn er hat uns gezeigt,
zu welchen Schreckenstaten wir Menschen fähig
sind.
Es ist nicht vorbei,
es schlummert ständig in uns allen.
Nationalismus ist eine lebensbedrohliche Seuche
und der Patriotismus dasselbe
in folkloristischem Gewand.

Ich bin kein Patriot,
weil nur Idioten
wieder diesem billigen Lockmittel
verantwortungsloser Menschenfänger
auf den Leim gehen.
Ich bin nicht stolz ein Deutscher zu sein,
denn was kann ich schon dafür
in dieses Land geboren worden zu sein.
Was hab ich dafür getan?
Im Nationalismus liegt keine Freiheit,
wie es uns die Parolen brüllenden Populisten der Rechten
einreden wollen.
Der Nationalismus ist der Anfang vom Ende der Freiheit.
Mein Credo?
Kein Volk, kein Staat, kein Vaterland.
Freie Menschen brauchen keine Krücken,
die aus geschichtsvergessener Dummheit
geschnitzt sind.

ICH DANKE DIR LEBEN

Ich danke dir Leben,
hast mir so viel gegeben,
eine Stimme zum Singen
bringt die Worte zum Klingen,
Hände zum Spielen,
an vielen Klavieren,
Lust am Erlernen
und Ausprobieren
und so viel Zeit
voller Zärtlichkeit.

Ich danke dir Leben,
hast mir so viel gegeben,
durfte lachen und schweben
trotz all der Stürme und Beben.
Auch einsame Stunden
und schmerzvolle Wunden,
doch du wolltest mich führen
mich selbst zu erspüren,
unter funkelnden Sternen
das Lieben zu lernen.

Ich danke dem Leben,
den Flüssen, den Reben,
den Winden, den Bäumen
und ich dank meinen Träumen,
denn sie ließen mich fliegen,
die Starrheit besiegen
und es ließ mich erkennen:
Wir sind nicht zu trennen,
woher wir auch stammen –
wir sind eins und zusammen.

(zur Melodie von »Gracias a la vida« geschrieben)

DEN PAROLEN KEINE CHANCE

Den Parolen keine Chance
lasst sie nicht ans Tageslicht
lasst sie in den Grüften modern
öffnet ihre Gräber nicht.

Volk, Nation und Vaterland
sind ihr krudes Kampfgebrüll
alles was dadurch verbrochen
war doch längst entsorgt im Müll.

Wenn sie jetzt den Menschenfängern
wieder aus den Mäulern sprudeln
lasst sie ungehört verdorren
lasst euch nicht dadurch besudeln.

Kriege mit Millionen Toten
haben sie uns eingebracht
Folter, Mord und Diktaturen –
Siegeszug brutaler Macht.

Nein, ich hör nicht auf zu träumen
von der herrschaftsfreien Welt
wo der Menschen Miteinander
unser Sein zusammenhält.

Lasst uns jetzt zusammenstehen
es bleibt nicht mehr so viel Zeit,
lasst uns lieben und besiegen
wir den Hass durch Zärtlichkeit.

Nennt mich gerne einen Spinner,
Utopisten und naiv,
doch ich will nicht akzeptieren
was da aus dem Ruder lief.

Es gibt sicher schön're Lieder
wohlgefällig ausgedacht
doch ich glaube, hin und wieder
ist ein Aufschrei angebracht.

Ja, ich hab's schon oft besungen
doch ich wiederhol' mich gern
damals war das Schreckgespenst
zwar bedrohlich, doch noch fern

aber jetzt sind die Gespenster
wieder mal aus Fleisch und Blut
und es darf nicht mehr erwachen
was in ihnen drohend ruht!

Nein, ich hör nicht auf zu träumen
von der herrschaftsfreien Welt
wo der Menschen Miteinander
unser Sein zusammenhält.

Lasst uns jetzt zusammenstehen
es bleibt nicht mehr so viel Zeit,
lasst uns lieben und besiegen
wir den Hass durch Zärtlichkeit.

DAS LEBEN WILL LEBENDIG SEIN

Was ist passiert? Wie kann das sein?
Was grölen die für Lieder?
Was kocht da derart unverblümt
die braune Brühe wieder?

Wie hasserfüllt muss jemand sein
von wie viel Angst besetzt
dass er sein Heil in etwas sucht
das mordet und verletzt?

Sieg Heil? Was war das für ein Sieg?
Und wessen Heil war das?
Wer wird schon heil in einer Welt
voll Angst, Gewalt und Hass?

Ihr wisst nicht, was das Leben ist.
Ihr sehnt euch nach dem Tod,
weil das, was ihr in euch vermisst
im Fremden euch bedroht.

Das Leben will lebendig sein
es fügt sich keinem Zwang
es schließt nicht aus, es bindet ein,
ein liebender Gesang.

Das Leben will nicht stramm marschieren
es lädt zum Tanzen ein:
Wer mit dem Leben tanzen will
muss ungehorsam sein.

Glaubt ihr denn eure Männlichkeit
erstarkt, wenn ihr euch prügelt
und dass ein hingestreckter Feind
die Manneskraft beflügelt?

Nur wer sich selbst nicht leiden kann
sich selber nicht erträgt
hasst sich so sehr, dass er statt sich
den fremden Andren schlägt.

Wacht endlich auf und seht es ein:
Braun ist nun mal der Kot
und nicht nur deshalb bleibt für mich
die schönere Farbe Rot.

Ja Freunde, kommt, und lasst uns jetzt
der Dummheit widerstehn
und ihnen zeigen was sie schon
so lange nicht mehr sehn:

Das Leben will lebendig sein
es fügt sich keinem Zwang
statt Führer, Volk und Vaterland
ein liebender Gesang.

Das Leben will nicht stramm marschieren
es lädt zum Tanzen ein:
Wer mit dem Leben tanzen will
muss ungehorsam sein.

CHRISTIAN LINDNER

Sie sind also der Meinung, man sollte den Klimaschutz den Profis überlassen und Schüler sollten freitags zur Schule gehen.

Sind Sie jetzt unter die Kabarettisten gegangen? Oder war das noch einem Hangover vom Karneval geschuldet?

Es waren doch genau die Profis, die unsere Erde in diesen katastrophalen Zustand versetzt haben. Eine kriminelle Vereinigung von unbelehrbaren oder korrupten Politikern, bestechlichen Wissenschaftlern, geldgeilen Lobbyisten – aber: Profis allesamt.

Nein, Herr Lindner, viele Jugendliche haben zu Recht die Schnauze voll von all diesen Profis. Was wir jetzt brauchen, sind idealistische Amateure, Schulschwänzer, Träumer, die uns alten Säcken immer wieder vor Augen führen, dass wir ihre Zukunft schon fast zerstört haben.

Ich kann mir gut vorstellen, was für eine Panik gewisse Kreise davor haben, dass da ein neues und modernes '68 wieder aufleben könnte.

Ich fände es großartig.

LIEBE CAROLA RACKETE,

ich schreibe dir heute diese Zeilen, weil ich dir danken möchte.

Danken für deine bescheidene Selbstverständlichkeit, etwas zu tun, was wir alle tun müssten:

Menschen retten, die in Not sind.

Wir alle wissen, dass die Salvinis dieser Welt hinter Gitter gehören und nicht du.

Sie müssten verurteilt werden wegen der Absprache zum Mord, wegen Verbrechens gegen die Menschlichkeit.

Recht und Gesetz selbst werden obsolet, wenn sie anfangen, Güte zu bestrafen.

Du machst mir Mut, liebe Carola, denn junge Frauen wie du zeigen uns den Weg in eine menschlichere, gleichberechtigte und herrschaftsfreie Welt.

Wenn ich einige Leserkommentare auch sogenannter seriöser Zeitungen lese, kommt mir das kalte Grausen. Da scheint mir so manch einer dieser Herren, die die Herrschaft auf keinen Fall abgeben möchten, in Panik zu geraten. Und ich befürchte es treibt allein schon das Wort KapitänIN so manchem den Schaum vor den Mund.

Liebe Carola, du erinnerst mich in deiner so ganz und gar unaufgeregten Art ein wenig an Sophie Scholl.

Es geht ums Tun und nicht ums Siegen.

Du tust etwas aus deiner tiefsten inneren Überzeugung heraus und willst damit nicht die Welt retten. Sondern erst mal nur Menschen, die in Not sind.

Du und so viele andere, nicht so sehr ins Rampenlicht gedrängte HelferInnen und engagierte AntifaschistInnen halten diese Welt lebendig und lassen uns weiter hoffen, dass wir diesen stürmischen Zeiten widerstehen werden.

Danke.

Und nein, ich hör nicht auf zu träumen von der herrschaftsfreien Welt wo der Menschen Miteinander unser Sein zusammenhält!

»Unter den Talaren, der Muff von tausend Jahren«
– »Keine Macht für niemand!« – zeig's ihnen, Greta!

Die Welt muss weiblich werden!

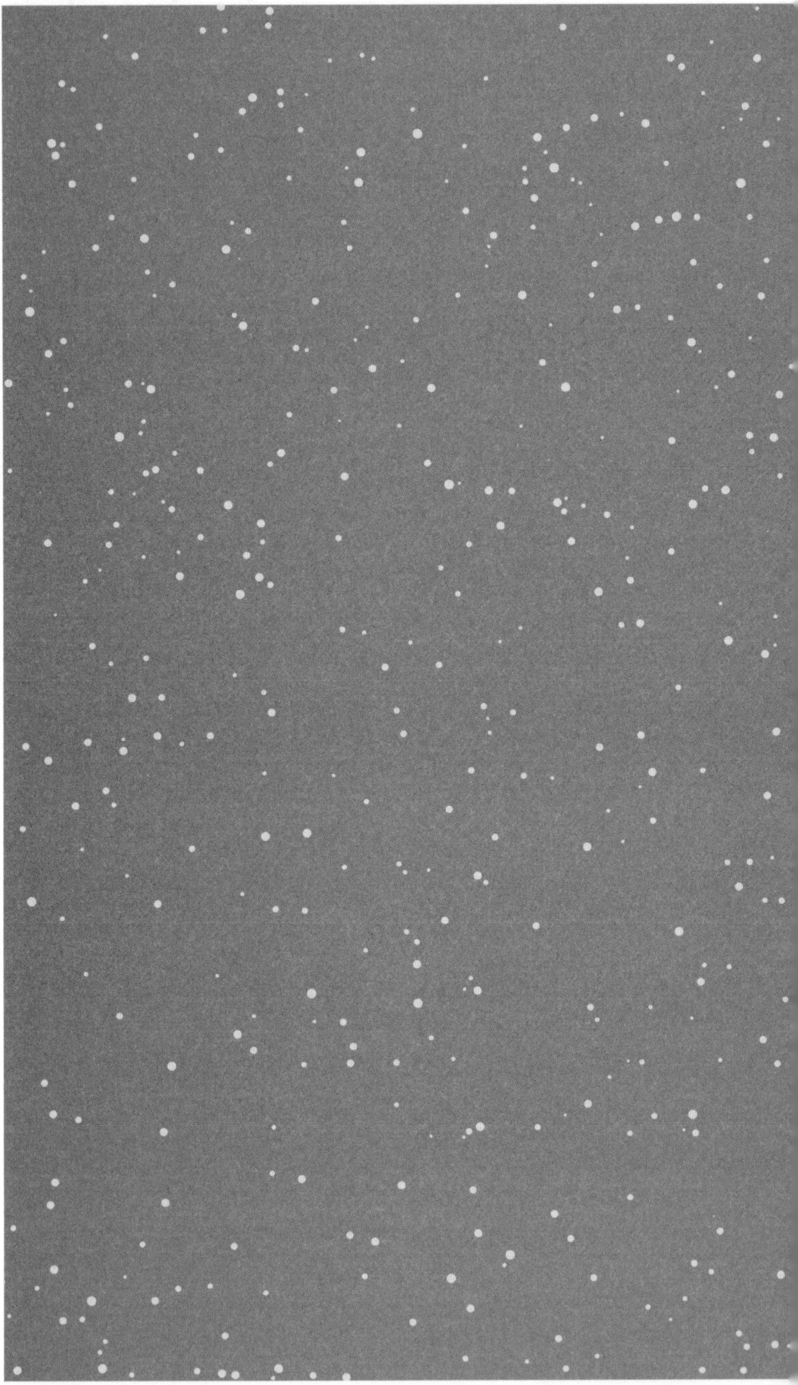

TEIL 2

UTOPIA

2021/2022

PROLOG: FAUST

Wer bin ich nur? Wann biet ich mir die Stirn?
Es gibt da dies Gerücht in meinem Hirn,
ich sei der mir so gut Bekannte,
seit über 70 Jahren mir Anverwandte,

der, den ich mir erdachte und erträumte,
der, der mich überraschte, überschäumte
mit unbekannten Seiten meines Ich,
oft unerträglich fremd und fürchterlich?

War ich mir je bekannt, oder ist alles
nur dem geschuldet, was man Muster nennt,
Gewohnheit, die sich besten Falles
nur immer wieder selbst erkennt

und dies als Selbsterkenntnis preist,
die sich aus Wohlbekanntem speist?
Das soll sich selbst erkennen sein?
Ganz sicher nicht. Eindeutig nein.

Wer bin ich nur? Wer ist dies Ich?
Wie oft war ich denn wesentlich,
wie oft hab ich mir beigewohnt,
wie oft hab ich mich nur geschont,

anstatt mich wirklich aufzudecken
und immer wieder neu zu wecken,
mich endlich einmal dem zu stellen,
was in mir ruht: den tiefsten Quellen.

Ist denn die Welt in ihrer Nacht
vielleicht ein Trugbild, das ich mir
jahrzehntelang nur selbst gemacht?
Die ganze Welt nur ausgedacht?

Wer bin ich nur. Wen frage ich?
Wer ist mein eigentliches Ich?
Ich finde mich sekundenlang
in Versen, Tönen, im Gesang.

Das wars dann auch, ich armer Tor
bin dann so klug als wie zuvor.
Und taumle weiter durch die Nacht.
Schlaftrunken. Nie ganz aufgewacht.

Wer bin ich nur? Ich bin doch mehr
als das, was sich mein Hirn so sehr
bemühte zu verstehn.
Bin ich doch Teil von alledem,

was unverständlich bleiben wird
und immer unerklärbar ist
und sich wohl dann erst zeigen wird,
wenn man das Irdische vergisst,

wenn man sich ganz der Stille gibt
und ja, ich weiß wohl, wer da spricht,
ins Sein so hemmungslos verliebt.
Und doch wird Stillsein dereinst Pflicht.

Wer bin ich nur? Werd ich es dann
erfahren oder nur noch sein
und tauch ich dann doch irgendwann
in dieses Selbst voll Liebe ein?

Wer bin ich nur? Ich weiß es nicht.
und ahne viel, wenn ein Gedicht
in meinem Innern zu mir spricht,
mein Dunkel taucht in helles Licht.

Das wars dann schon. Ein Ahnen nur.
Kein Wissen. Nie. Nur eine Spur
von dem, was diese schöne Welt
im Innersten zusammenhält.

AN DIE MUSEN

Da ist etwas in mir, das möchte tanzen,
auch wenn die Beine nicht mehr ganz so standhaft
sind.
Das will die Welt umarmen, sich nicht mehr
verschanzen,
will Woge sein und Sturm und Sommerwind.

Das will – ich geb' es zu, es ist vermessen –
dem Alter trotzen, das sich ungefragt
in meinem Körper breit macht und ich will
vergessen,
dass dieser Zahn nun auch an meiner Zeit nagt.

Einmal nur noch auferstehn
aus den Trümmern meines Lebens,
sich in neuem Licht zu sehn,
war oft so vergebens.

Jetzt noch einmal von den Musen
hemmungslos geküsst zu werden,
wär ein Grund, an ihrem Busen
ruhend voller Glück zu sterben.

Schickt mir Worte, Melodien,
alles liegt doch schon bereit.
Einmal noch der Welt entfliehn,
atemlos der Kunst geweiht.

Lasst mich mit den Versen tanzen,
hemmungslos ins Sein verliebt,
einmal noch vereint dem Ganzen,
das sich ganz dem Dichter gibt.

Neu gedichtet, neu vertont,
alles wird zur Poesie,
was in meinen Tiefen wohnt
und bislang noch nie gedieh.

Alles offen, ohne Scham,
was mir zwar schon anverwandt,
doch noch nie zum Blühen kam,
sprachlos war und unbenannt.

Und dann Musen bleibt zu hoffen,
dass es sich zur Wende ballt
und mein Sein sich glücksbesoffen
in den lichten Himmel krallt.

ACH ES REGNET

Ach es regnet und es lassen
sich die Tropfen so viel Zeit
so als könnten sie's nicht fassen
dass sie in der Nüchternheit

eines kurzen Spritzers endlich
und ganz glanzlos sterblich würden
und so durch und durch verständlich –
ein Finale ohne Hürden

und was ging dem nicht voraus:
Stürme und Zusammenballung
und noch immer gehts nicht raus
wartend in der Wolkenstallung

Manchen hälts nicht mehr, er muss
und zerspritzt noch auf der Stelle
schwingt sich nicht als Regenguss
rauschend ins vermeintlich Helle

mancher mengt sich einer Quelle
stolz und selbstverständlich bei
tritt nicht lange auf der Stelle
gibt sich hin und fließt sich frei

andre freilich müssens dulden
zu verdorrn im öden Land
so als müssten sie entschulden
was der Schöpfer schlecht erfand.

Jeden treibts nach seinem Wesen
lustvoll in den Untergang
Tropfen bin ich schon gewesen.
Enden will ich als Gesang.

WAS EINEM DER REGEN RAUNEND ERZÄHLT

Was einem der Regen so raunend erzählt,
auch wenn man es selten versteht,
ist so viel umfassender ausgewählt,
als alles, worauf man besteht.

Es ist diese stille verborgene Pracht,
der man sich meistens verschließt,
und die in geheimnisvoller Nacht
aus dem Unerhörten fließt.

Ich gebe mich diesen Tönen hin,
sie beschreiben ein anderes Sein,
etwas das ich noch gar nicht bin
und dennoch ahne zu sein.

Etwas das in uns immer schon schweigt
und nur sehr selten erblüht,
weil es sich nur demjenigen zeigt,
der sich darum nicht bemüht.

Gib deine Gedanken dankend dem Wind,
lass sie geduldig verwehn.
Das nämlich was wir in Wirklichkeit sind
werden wir nie verstehn.

Lass alles fallen, was dich bestimmt,
werd' wie die Rebe zum Wein:
Wir müssen nicht wissen, wer wir sind,
denn es genügt schon, zu sein,

was wir immer schon waren.
Spät erst entdeckt es sich dir.
Einfach nur still bewahren
dieses grenzenlose Wir.

WARUM SONETTE?

Warum Sonette? Warum jetzt – im Alter?
Und wären nicht moderne Rhythmen angesagt?
Warum der Reim als Poesiegestalter?
Wie oft hab ich mich das nicht schon gefragt.

Vielleicht, weil ich mein ganzes Leben
so schamlos ungereimt geführt,
hab ich mich gerne da dem Reim ergeben,
wo ich das Andere in mir gespürt.

Das Andere, das mich so ungefragt ereilte,
wenn ich, von Worten in ihr Sein entführt,
und endlich von mir selbst nicht mehr bewacht,

in zeitlos unbekannten Wirklichkeiten weilte
die ich vielleicht geahnt, doch nie gespürt,
weil sie undenkbar sind. Nicht ausgedacht.

BIN ICH ENDLICH ANGEKOMMEN?

Ach was hab ich doch nicht alles
ausprobiert und auch ertragen,
ohne Hemmung wollte ich
Glück und Sinnenrausch erjagen.

Selbstgefällig, eingebildet,
immer voll in Überschwang,
suchte ich nach meiner Tiefe,
fand sie manchmal im Gesang.

Ungehorsam, ungeduldig,
ungestüm und unverschämt
habe ich voll Übermut
selten meinen Gaul gezähmt.

Dieses schamlos unverblümte
unbeherrschbar wilde Tier
konnte ich nur selten zügeln,
denn es hauste tief in mir.

War auch immer voller Demut
meinen Meistern zugetan.
Ihre Worte, ihre Weisen
zogen mich ohnmächtig an,

denn mich haben ihre Verse
oft in Höhen blicken lassen,
die mir unerreichbar schienen,
ihre Schönheit kaum zu fassen.

Hat sich nun nach all den Jahren
etwas in mir aufgetan?
Bin ich endlich angekommen?
Wurde aus dem Untertan

einer, der sein Selbst entdeckte?
Streckenweise sicher, ja.
Und es gibt auch Augenblicke,
darin bin ich mir sehr nah.

Aber nie ist was von Dauer,
auch die schönste Weisheit nicht.
Sich stets weiter selbst begegnen
scheint mir nun des Alters Pflicht.

Mag sein in der letzten Stunde
wird Geahntes hell und klar,
und es schließt sich dann die Wunde,
die des Lebens Urgrund war.

WAS MICH WÜTEND MACHT

Dass die Herrschenden andere gerne knechten,
leuchtet mir ein.
Dass die Geknechteten sich lieber knechten lassen
als sich zu erheben, will mir nicht in den Sinn.
Dass die Herrschenden uns einreden,
Aufrüstung sei die einzig wahre Waffe gegen den
Krieg,
kann ich verstehen.
Dass wir es glauben,
will mir nicht in den Sinn.
Dass die Herrschenden Geld raffen wollen,
ist ihre Natur.
Dass wir es ihnen gestatten,
erzürnt mich.
Ob ich mit Marxisten spreche oder Kapitalisten,
Christen oder Islamisten,
Biedermännern oder Großkotzen –
fast alle sind der Meinung,
dass ein Gewaltmonopol unerlässlich sei.
Dass die Gewalttäter ihr Monopol haben wollen,
leuchtet mir ein.
Dass ihre Opfer ihnen auch noch zujubeln,
macht mich wütend.

ES GIBT KEIN RECHT AUF GEHORSAM

Es sind doch all eure Befehle
nichts als ein hilfloser Schrei
eurer gequälten Seele –
doch damit wird sie nicht frei.

Erst schafft ihr euch Untertanen,
dann glaubt ihr ganz oben zu sein
mit Uniformen und Fahnen –
alles nur Schall, Rauch und Schein.

Nur wer seiner selbst nicht sicher,
erhebt sich selbst zum Herrn,
wähnt sich so wesentlicher
und bleibt wahrer Größe doch fern.

Es gibt kein Recht auf Gehorsam,
verweigern wir jedes Gebot,
nur noch ein Sein ohne Herrschaft
befreit uns aus unserer Not.

Es gibt kein Recht auf Gehorsam,
verweigern wir uns der Macht,
geben wir allen alles,
bleiben wir unüberwacht.

Pfeifen wir doch auf Ehre,
auf Volk und Vaterland.
Nehmen wir nie mehr Gewehre
in unsre zerbrechliche Hand.

Lachen wir den Generälen
ins uniformierte Gesicht,
sie werden uns nie mehr quälen,
wenn ihre Maske zerbricht.

Lasst sie doch schreien und brüllen.
Wenn niemand mehr auf sie hört,
wird sich endlich enthüllen,
was uns schon so lange empört.

Es gibt kein Recht auf Gehorsam,
verweigern wir jedes Gebot,
nur noch ein Sein ohne Herrschaft
befreit uns aus unserer Not.

Es gibt kein Recht auf Gehorsam,
verweigern wir uns der Macht,
geben wir allen alles,
bleiben wir unüberwacht.

Es gibt kein Recht auf Gehorsam,
verweigern wir jedes Gebot,
nur noch ein Sein ohne Herrschaft
befreit uns aus unserer Not.

Es gibt kein Recht auf Gehorsam,
verweigern wir uns der Macht,
geben wir allen alles,
bleiben wir unüberwacht.

WAS UNS AM LEBEN HÄLT

Ist das, was uns am Leben hält –
obwohl der Tod oft friedvoller erscheint –
ein letztes Aufbäumen der Welt,
die unbewältigt in uns weint,

ein Aufschrei, eine Bitte gar,
endlich unendlich das zu leben,
was immer unser Auftrag war:
uns ganz der Liebe hinzugeben?

Nicht nur im Liebesrausch als Spiel,
nicht nur als wilde Leidenschaft,
als Abenteuer, das gefiel,
bevor man neu sich Leiden schafft.

Erst musst du dich noch selbst besiegen.
Tauchst du dann wahrhaft in sie ein,
dann wirst du nicht nur wirklich lieben,
dann wirst du endlich Liebe sein.

Sie ist der Sinn in allem Werden.
Sie ist der Ursprung allen Seins.
Sie leiht uns Flügel. Kann uns erden.
Nur in ihr sind wir wirklich mit uns eins.

DIE TAGE GRAU

Die Tage grau und du versuchst zu leben
und weißt genau, du wirst nie wieder schweben,
so wie es war, als dich deine Gedanken
noch nicht ins Taumeln brachten und noch nicht
ins Schwanken
als du noch selber dachtest und sie dich nicht
dachten,
dich noch nicht fesselten und dich noch nicht
verlachten,
als es noch hell war hinter deinem Denken,
du dich noch lieben konntest, mit dir selbst
beschenken.

Du willst die Zeit so gern wieder heraufbeschwören,
doch die Gedankenfetzen die dir nicht gehören,
zerreißen dich, zerstückeln deine Sätze,
die du zu formuliern versuchst, doch die Gesetze
der Sprache, die mal deine war, sind unauffindbar,
am ehesten noch da zu finden, wo man Kind war
und unbedarft, verzückt mit Worten spielte
und nichts erreichen wollte und auch auf nichts
schielte.

Die Tage grau, das wars dann wohl, du wirst nie
wieder
dir selbst begegnen. Höchstens ein paar Lieder
aus deiner Kindheit werden dir noch nah sein.
Nur du wirst nie mehr wirklich du und da sein.
Die bei dir sind kannst du nicht mehr erkennen.
Du stirbst allein. Auch wenn sie sich nicht von dir
trennen.
Und doch, wer weiß: Nach diesem dunklen Leben
wirst du vielleicht befreit dereinst ins Helle
schweben.

ES LEBE DIE ZERBRECHLICHKEIT

Es lebe die Zerbrechlichkeit.
Stärke macht mir Angst, es sei denn,
sie ist aus Zerbrechlichkeit geboren.
Mich berühren die ungebetenen Gäste,
die Stillen und Verzagenden,
die Unerhörten.
Schönheit gebiert sich
aus Hilflosigkeit
und Weisheit ist oft
ein Akt der Verzweiflung.
Immer wenn ich zerbrechlich war,
konnte ich wachsen.
Wenn ich mich vollendet fühlte,
erstarrte ich.
Mein Herz schlägt für die Missglückten,
Unansehnlichen,
Unbestätigten.
Die aber im Licht stehen,
machen sich keine Gedanken über den Schatten,
den sie werfen.
Vielleicht ist der Schatten größer als sie.
Vielleicht weiß er mehr von dem,
was uns bedingt.

Die Schönheit
gehört den Zerbrechlichen.
Wir aber wähnen uns schön
und sehnen uns doch insgeheim danach,
zerbrechen zu dürfen.

WIR WERDEN WEITER TRÄUMEN

Wir werden weiter träumen
und keiner rede uns drein,
wir wollen überschäumen
in unsrem Eigen-Sein.

Blüht denn nicht jede Blume
nach ihrem eigenen Sinn?
Nur wir solln uns angeblich schämen
für unsren Eigensinn.

Wir müssen uns nicht verschönen,
kein Orden schmückt unsre Brust,
uns mit uns selbst zu verwöhnen,
ist doch die größte Lust.

Seit Tausenden von Jahren
beugten wir uns der Gewalt
entmenschlichter Fürsten und Zaren
und verlor'n dabei jeglichen Halt,

den uns das eigene Wesen
doch von Geburt an geschenkt,
es ist an der Zeit zu genesen
von dem Wahnsinn, der uns lenkt.

Wir haben das Recht zu träumen,
verlacht und beschimpft uns nur,
wir wollen überschäumen
in unsrer wahren Natur.

Wir werden weiter träumen
und keiner rede uns drein,
wir wollen überschäumen
in unsrem Eigen-Sein.

DER KRIEG

von Georg Heym und Konstantin Wecker
März 2022

Aufgestanden ist er, welcher lange schlief,
aufgestanden unten aus Gewölben tief.
In der Dämm'rung steht er, groß und unerkannt,
und den Mond zerdrückt er in der schwarzen Hand.
In den Abendlärm der Städte fällt es weit,
Frost und Schatten einer fremden Dunkelheit,
und der Märkte runder Wirbel stockt zu Eis.
Es wird still. Sie seh'n sich um. Und keiner weiß.
Auf den Bergen hebt er schon zu tanzen an.
Und er schreit: Ihr Krieger alle, auf und an!
Und es schallet, wenn das schwarze Haupt er
schwenkt.
Drum von tausend Schädeln laute Kette hängt.

Über runder Mauern blauem Flammenschwall
steht er, über schwarzer Gassen Waffenschall,
über Toren, wo die Wächter liegen quer,
über Brücken, die von Bergen Toter schwer.

Und die Flammen fressen brennend Wald um Wald,
gelbe Fledermäuse zackig in das Laub gekrallt.
Seine Stange haut er wie ein Köhlerknecht
in die Bäume, dass das Feuer brause recht.
über sturmzerfetzter Wolken Widerschein,
in des toten Dunkels kalten Wüstenein,
dass er mit dem Brande weit die Nacht verdorr,
Pech und Feuer träufet unten auf Gomorr.

Hundert Jahre ist der große Text nun alt,
eine Ode gegen Kriege und Gewalt.
Doch er konnte uns wohl nicht erreichen,
wenn man sieht, wie sich die Bilder gleichen.

Gibt es einen, der im Kriege nicht verlor?
Und nun sind der Kriege mehr als je zuvor.
So viel Städte sind zerstört im gelben Rauch,
warfen lautlos sich in tiefen Abgrunds Bauch.
Und schon wieder hört man herrisch Krieger
schrei'n,
aus den Dunkelheiten droht ihr Widerschein.
Wieder wälzt sich die Vernunft dumpf in Gewalt,
abgestorben ist das Hirn. Das Herz ist kalt.
Zahllos sind die Leichen schon im Schilf gestreckt,
von des Todes starken Vögeln weiß bedeckt.

Bleiche Kinder fleh'n uns händeringend an:
Macht ein Ende mit dem Irrsinn irgendwann.

Irgendwann? Nein jetzt. Wir müssen seh'n,
wie wir den Gewalten widersteh'n.
Denn sonst heißt es wieder eines Tages dann:
Seht euch diese dumpfen Bürger an.
Zweimal kam der große Krieg mit aller Macht.
Und sie sind zum dritten Mal nicht aufgewacht.

SCHÄM DICH EUROPA

Schäm dich Europa – erst sätest du Kriege
überall in der Welt und dann brachten die Siege
deinen Herrschern und Fürsten Reichtum und Ehre
und es starben Millionen als Schlachtvieh deiner
Heere.

Du hast so viel Besitztümer an dich gerissen,
Macht und Besitz sind dein gieriges Ziel,
auch heute noch müssen wir alle uns schämen,
denn wir machen doch mit bei diesem schäbigen
Spiel.

Und nun fliehen die Ärmsten vor deinen Gewehren
und du lässt sie ersaufen in verseuchten Meeren
und hortest den Reichtum in Ländereien,
statt ihn zu verteilen und die zu befreien,

die niemals dem Hagel der Bomben entrinnen,
die ihr herstellt und verkauft mit enormen
Gewinnen,
es ist doch genug da für all diese Armen,
schäm dich Europa, du hast kein Erbarmen.

Schäm dich Europa – so lang ist es nicht her,
da fiel dir das Atmen noch unheimlich schwer,
von Kriegen zertrümmert, vom Faschismus
zerstört,
alles gemordet, was zum Menschsein gehört.

Du hast dich besonnen, viele gute Ideen
erwuchsen dem Grauen, manche blieben besteh'n,
du hattest die Chance zu einem wirklichen Sieg:
Nie wieder Faschismus. Nie wieder Krieg.

Was ist nur geworden aus den großen Gedanken?
Jetzt sieht man sie allerorts doch wieder schwanken,
Rassisten, Faschisten, wie konnt's soweit kommen,
haben in Parlamenten Sitze gewonnen.

Schäm dich Europa. Wie konnte das sein?
Hat dich die Hoheit des Markts so verblendet?
Die an Menschlichkeit glauben lässt du allein.
Du hast die schönsten Ideen geschändet.

Du hast dich besonnen, viele gute Ideen
erwuchsen dem Grauen, manche blieben besteh'n
du hattest die Chance zu einem wirklichen Sieg:
Nie wieder Faschismus. Nie wieder Krieg.

UTOPIA

Stellt euch einmal unsre Welt vor
ohne Krieg, ohne Gewalt,
ohne Bosse, ohne Herrscher,
jeder ist dem andern Halt.
Ohne Ehrgeiz, ungehetzt,
alle leben nur im Jetzt.
Ohne Ehrgeiz, ungehetzt,
alle leben nur im Jetzt.

Ohne Himmel, ohne Hölle,
einfach nur im Jetzt und Hier,
diese Welt gehört uns allen,
ohne Grundbesitz und Gier.
Stell dir vor wir leben sie,
diese schöne Utopie.
Stell dir vor wir leben sie,
diese schöne Utopie.

Nennt mich gerne einen Spinner,
der nicht passt in unsre Zeit.
Doch ihr lebt in einem Albtraum,
mein Traum ist die Wirklichkeit.

Doch ihr lebt in einem Albtraum,
mein Traum ist die Wirklichkeit.

Eine Welt ganz ohne Grenzen
und statt Wettbewerb und Neid
teil'n wir, endlich gleichberechtigt,
unsre Freude, unser Leid.
Wäre diese Welt nicht hier,
wüssten wir doch nichts von ihr.
Wäre diese Welt nicht hier,
wüssten wir doch nichts von ihr.

Nein, der Mensch ist nicht so schlecht,
wies die Herrschenden gern hätten,
es ist unser aller Recht,
uns vor diesem Trug zu retten,
und wir woll'n, dass unsre Welt
sich nicht an deren Regeln hält,
und wir woll'n, dass unsre Welt
sich nicht an deren Regeln hält.

Nennt mich gerne einen Spinner,
der nicht passt in unsre Zeit.
Doch ihr lebt in einem Albtraum,
mein Traum ist die Wirklichkeit.

Nennt es weltfremd, nennt es Wahnsinn,
doch ich träume nicht allein,
ist denn nicht allein die Liebe
Grund und Sinn von allem Sein,
ist denn nicht allein die Liebe
Grund und Sinn von allem Sein.

WIE LIEB ICH ES, DEN TIEREN ZUZUSEHN

Wie lieb ich es, den Tieren zuzusehn,
wenn sie so selbstverständlich sich dem Dasein schenken
und so bedingungslos in einer Welt bestehn,
die sie nicht ändern wollen oder lenken.

Doch wenn wir ihren Eigensinn zerstören
und sie als Nutzvieh züchten und in Ketten legen,
dann müssen sie auf einmal wem gehören,
anstatt nach ihrem Sinn sich zu bewegen.

Was macht uns besser? Warum glauben wir,
wir sind die Herren über alle Lebewesen?
Sind wir denn wirklich klüger als das Tier,
weil wir's in sogenannten Heilgen Schriften lesen?

Und wer missbraucht die Erde schon seit langer Zeit
und nennt das auch noch Fortschritt und Gewinn?
Es ist der Fluch unserer Überheblichkeit.
Wären wir klug – wir sähen darin keinen Sinn.

Wer weise ist, muss sich nicht stets beweisen
mit Kriegen, Morden, Eitelkeit und Wahn.
Wir legen Schienen und wenn wir entgleisen,
dann nennen wir das auch noch gut getan.

Seht euch die Blumen an, die Winde, Wiesen,
Bäume,
wie sie sich über andre nie erheben,
sie sind, wie ich es mir so oft erträume:
Sie wollen nicht besonders sein. Sie leben!

Doch wir sind blind, anstatt von ihnen das zu
lernen,
was uns von Anfang an die größte Mühe macht,
umsorgt von Sonnen, Mond und Sternen
in sich zu ruhen, Tag für Tag und Nacht um Nacht.

ANSTATT ZU SIEGEN

Pfeift auf jeden Wettbewerb,
da könnt ihr nur verlieren,
weil immer einer besser ist,
und der lässt es dich spüren,

weil immer jemand schöner ist,
mehr Likes hat nebenbei,
am besten ist es du vergisst
die Wettbewerberei.

Anstatt zu siegen
bleib auch mal liegen,
lass dich nicht kriegen
von all den Intrigen.

Lass dir dein Leben
nicht nehmen von denen,
die sich statt zu singen
dem Reichtum verdingen.

Lass dich nicht jagen
von all den Gejagten
dieses erbarmungslosen Vereins.
Reich bist du nur,
wenn dir endlich bewusst ist:
Keiner ist besser – wir alle sind eins!

Pfeift auf jeden Wettbewerb
auf prall gefüllte Konten,
sie werden mit denen untergehn
die sich in ihnen sonnten.
Nichts mehr sei uns untertan,
umarmen wir die Erde.
Seien wir allem zugetan,
allem Stirb und Werde.

Anstatt zu siegen
bleib auch mal liegen,
lass dich nicht kriegen
von all den Intrigen.

Lass dir dein Leben
nicht nehmen von denen,
die sich statt zu singen
dem Reichtum verdingen.

Lass dich nicht jagen
von all den Gejagten
dieses erbarmungslosen Vereins.
Reich bist du nur,
wenn dir endlich bewusst ist:
Keiner ist besser – wir alle sind eins!

Anstatt zu siegen
bleib auch mal liegen,
lass dich nicht kriegen
von all den Intrigen.

Reich bist du nur,
wenn dir endlich bewusst ist:
Gemeinsam statt einsam – wir alle sind eins!

Kapitalismus und Patriarchat
(auch wenn's ein unreiner Reim ist):
Sie haben versagt.

STATT EINES NACHWORTS

ZWEI MANIFESTE

ANTIKRIEGSMANIFEST

3. März 2022

Es sind schreckliche und erschütternde Zeiten: Als Antimilitarist und Pazifist bin ich fest davon überzeugt, dass nur eine internationale Friedens- und Antikriegsbewegung den verbrecherischen Angriffskrieg von Putins Machtapparat gegen die Menschen in der Ukraine stoppen kann und wird. Dafür müssen wir aufstehen und auf die Straßen und Plätze dieser Welt ziehen, auch um die Gefahr eines noch viel größeren Krieges zu verhindern!

Meine Gefühle und Gedanken und meine ganze Empathie und meine Solidarität sind bei den Menschen, die in der Ukraine verletzt und getötet werden: Stündlich müssen mehr Menschen um ihr Leben fürchten. Es sind immer die Menschen, die Natur und die Tiere, die unter den Kriegen am meisten leiden.

Ich bin verzweifelt und doch sage ich Euch: Hoffnung machen mir die mutigen Menschen in Russland und weltweit. Es werden immer mehr Menschen, die unter den schwierigsten Bedingungen gegen alle Repressionen eine Antikriegsbewegung aufbauen. Auch ihnen gehört unsere volle Unterstützung und Solidarität. Hoffnung machen mir auch alle mutigen

Menschen in der Ukraine und weltweit, die sich nicht von autoritären Herrschern unterwerfen lassen wollen. Deshalb: Grenzen auf für alle Kriegsflüchtlinge aus der Ukraine, aber bitte wirklich für alle Menschen – auch für die schwarzen Student*innen, die dort seit teils vielen Jahren leben und studieren. Aber natürlich auch Grenzen auf für alle Menschen aus Syrien, Kurdistan, Afghanistan, Irak, Jemen oder der Türkei, die u.a. auch vor deutschen Bomben und Waffen und vor den Bomben des großrussischen Putin-Imperiums oder des Nato-Imperiums aus ihren Ländern fliehen.

Lasst uns unsere Friedensfreund*innen in Russland unterstützen: Es braucht dort eine Massenmobilisierung gegen den Aggressionskrieg, eine Aufforderung an alle russischen Soldaten, den Befehl zu verweigern und zu desertieren. Eine Revolte unter den russischen Soldaten kann diesen Krieg sofort stoppen! Und die Älteren unter uns werden sich erinnern: Die massenhafte Desertion und die Revolten der einfachen US-Soldaten gegen ihre Offiziere und Generäle waren der Anfang vom Ende des US-Angriffskrieges in Vietnam.

Wir brauchen sofort eine blockübergreifende und internationale Friedens- und Antikriegsbewegung: Und wir brauchen wieder eine Vision eines friedlichen europäischen Hauses, wie es u. a. Gorbatschow für eine Friedensordnung nach dem Kalten Krieg vorgeschlagen hatte.

Und ich sage: Die deutsche Ampelregierung ist auf dem Holzweg. 100 Milliarden Euro für ihre Aufrüstung werden keinen Frieden schaffen, sondern lediglich die Aktienkurse der Waffenindustrie in die Höhe treiben und den Klimawandel weiter anheizen.

Stattdessen würden 100 Milliarden Euro für ein gesamteuropäisches Sofortprogramm für einen sofortigen Energiewandel mit erneuerbaren Energien das Weltklima schützen und zugleich die Energiepläne von »lupenreinen Demokraten« wie Putin ins Leere laufen lassen.

Gerade in den finstersten Stunden dieses Angriffskrieges bleibe ich dabei: Wir dürfen uns nicht dumm machen lassen von der Macht und unserer aktuellen Ohnmacht. Wir müssen die Herzen von Millionen Menschen erreichen, damit die russischen Soldaten desertieren und sie das Morden der mutigen Menschen in der Ukraine stoppen.

Deshalb begleitet mich heute auf meiner Reise nach Utopia: Ich werde weiter für eine herrschaftsfreie Welt kämpfen, denn nur eine sozial gerechte Welt solidarischer Menschen wird uns von Kriegen, Klimawandel, Rassismus, Patriarchat und Kapitalismus befreien.
Eine weltweite Bewegung von unten ist viel realistischer als die tödliche und zerstörerische Machtpolitik der Militärblöcke: Denn nur eine solche Bewegung kann das jahrtausendealte Patriarchat stoppen, das sich vor allem auch durch Kriege und militärischen Gehorsam immer wieder aufs Neue an der Macht hält.

In diesem Sinne: Solidarität und Zärtlichkeit zwischen den Menschen gegen alle Grenzen, gegen alle Kriege, gegen alle Imperien.

Konstantin Wecker und Michael Backmund

ANTIMILITARISTISCHES MANIFEST GEGEN JEDE KRIEGSLOGIK

Lasst uns desertieren und endlich wieder *Nein* sagen!

8. Juni 2023

»Im Tornado des Krieges, der mit steigenden Rüstungsaktien drohend sich kündet, stürzt sich Europa in den Abgrund des Selbstmords. (…) Um ehrlich zu sein, muss man wissen. Um tapfer zu sein, muss man verstehen. Um gerecht zu sein, darf man nicht vergessen«, schrieb der Schriftsteller und Revolutionär Ernst Toller »Am Tag der Verbrennung meiner Bücher in Deutschland«*, am 10. Mai 1933. Nur sechs Jahre zuvor hatte er seinen Protagonisten Karl Thomas in seinem Stück *Hoppla, wir leben!* eine Geschichte erzählen lassen, *»die passiert ist, bei der ich dabei war«*:

»Plötzlich, nachts, hörten wir Schreie, so, als wenn ein Mensch furchtbare Schmerzen leidet. Dann war's still. Wird wohl einer zu Tode getroffen sein, dachten wir. Nach einer Stunde vernahmen wir wieder Schreie, und nun hörte es nicht mehr auf. Die ganze Nacht schrie ein Mensch. Den ganzen Tag schrie ein Mensch. Immer klagender, immer hilfloser. (…) Er schrie, wie ein Säugling schreit, nackt, ohne Worte. Vier Tage und

vier Nächte schrie er. Für uns waren es vier Jahre. Wir stopften uns Papier in die Ohren. Es half nichts. Dann wurde es still.

Nicht: der Feind. Der Mensch. Der Mensch schrie. (…) In solchen Stunden, in denen man, wie soll ich's sagen, hinabsteigt bis zum Grundwasser, fragt man sich: Warum das alles? Wofür das alles? Würdet ihr auch so fragen?

In allen Ländern grübelten die Menschen über die gleiche Frage. In allen Ländern gaben sich Menschen die gleiche Antwort. Für Gold, für Land, für Kohlen, für lauter tote Dinge, sterben, hungern, verzweifeln die Menschen, hieß die Antwort. Und dort und dort standen die Mutigsten des Volkes auf, riefen den Blinden zu ihr hartes Nein, wollten, daß dieser Krieg aufhörte und alle Kriege, kämpften für eine Welt, in der es alle Kinder gut hätten.«

Schon über ein Jahr dauert der völkerrechtswidrige Angriffskrieg Russlands gegen die Ukraine. Täglich werden Menschen getötet und verstümmelt. So wie bei allen aktuellen Kriegen wie dem des Nato-Staates Türkei gegen die Menschen in Kurdistan und in Nordsyrien/Rojava oder dem Saudi-Arabiens im Jemen. So wie auch in den vergangenen Kriegen wie denen der Nato 1999 gegen die Republik Jugoslawien,

2001 gegen Afghanistan oder beim Krieg der US-geführten »Koalition der Willigen« 2003 gegen Irak.

Die Aussichten auf ein baldiges Ende des Kriegs gegen die Ukraine stehen schlecht, der Krieg ist zu einem »Abnutzungskrieg« geworden. Er wird nicht gewonnen werden, sondern wie so oft in der Weltgeschichte viel zu spät zu Ende gehen. Denn auf allen Seiten haben jene das Sagen, die Verhandlungen ausschließen und den eigenen Sieg propagieren. Wieder einmal viel zu spät sollten wir uns endlich erinnern und den Opportunismus und das Versagen von 1914, 1999 und 2022 nicht vergessen. Wir sollten verstehen, um zu handeln.

1914 bis 1918 – der Erste Weltkrieg

»Wir waren im Irrtum am Anfang des Krieges, wir durften es nach vierzehn Tagen nicht mehr sein. Was wäre unsere Aufgabe gewesen? (...) die Aufgabe der Sozialdemokratie lag auf politischem Gebiete. Sie mußte die deutsche Regierung stürzen, die politische Macht erobern und Frieden schließen. (...) Unsere Revolution ist nicht, wie man gesagt hat, zu früh gekommen, sondern sie kam viereinhalb Jahre zu spät«, sagte der erste bayerische Ministerpräsident Kurt Eisner am 4. Februar 1919 in Bern auf der *Internationalen Arbeiter- und Sozialistenkonferenz* wenige

Tage vor seiner Ermordung durch einen antisemitischen und völkischen Militaristen.

Rosa Luxemburg rief 1916 in Erinnerung, dass die bürgerliche Gesellschaft ihr wahres Gesicht zeigt, wenn sie bereit ist, in Blut zu waten. Das gilt umso mehr für kapitalistische Staaten, sei es nun Russland, die Ukraine, Deutschland, die USA oder China. Und das gilt für das Jahr 1914 ebenso wie für 1999 oder 2023. Wir sollten uns endlich der herrschenden imperialen Logik und ihrem Freund-Feind-Denken entziehen und die Worte Rosa Luxemburgs als Erinnerung bewahren:

»Das Geschäft gedeiht auf Trümmern. Städte werden zu Schutthaufen, Dörfer zu Friedhöfen, Länder zu Wüsteneien, Bevölkerungen zu Bettlerhaufen, Kirchen zu Pferdeställen; Völkerrecht, Staatsverträge, Bündnisse, heiligste Worte, höchste Autoritäten in Fetzen zerrissen; jeder Souverän von Gottes Gnaden den Vetter von der Gegenseite als Trottel und wortbrüchigen Wicht, jeder Diplomat den Kollegen von der anderen Partei als abgefeimten Schurken, jede Regierung die andere als Verhängnis des eigenen Volkes der allgemeinen Verachtung preisgebend …«

1999 – der erste deutsche Kriegseinsatz nach 1945 und die Instrumentalisierung von Auschwitz

»Nie wieder Auschwitz«, proklamierte Joschka Fischer auf dem Außerordentlichen Parteitag von Bündnis 90/Die Grünen am 13. Mai 1999 in Bielefeld und forderte damit das Ende des »grünen« Pazifismus. Mit folgenden Worten legitimierte der grüne Außenminister den ersten deutschen Angriffskrieg nach dem Zweiten Weltkrieg: *»Auschwitz ist unvergleichbar. Aber ich stehe auf zwei Grundsätzen, nie wieder Krieg, nie wieder Auschwitz, nie wieder Völkermord, nie wieder Faschismus. Beides gehört bei mir zusammen.«*

Nur wenige Menschen kritisierten damals Fischers Auschwitz-Vergleich mit der Situation im Kosovo und seine Instrumentalisierung des industriellen Massenmordes in den deutschen Vernichtungslagern für die Legitimierung eines erneuten, völkerrechtswidrigen deutschen Angriffskrieges; eine Kritikerin war die Journalistin Barbara Supp im SPIEGEL: *»Und dann sprach Joschka Fischer von einem neuen Auschwitz, das der Serbe Milošević plane und das nur durch Krieg zu verhindern sei. Auschwitz – das äußerste Mittel. Der Kosovo-Krieg, obwohl das Völkerrecht dagegen sprach, sei also gerecht und ohne Alternative. Er hieß ›humanitäre Intervention‹. Wer dagegen war, würde Alliierter der serbischen Mörder sein.«*

Fischers perfide Umdeutung des Vermächtnisses der KZ-Überlebenden *»Nie wieder Faschismus, nie wieder Krieg!«* hat bis heute eine fatale Wirkung: Die »geläuterte« deutsche (Außen-)Politik spricht seitdem nur noch von einem unverbindlichen verkürztem »Nie wieder«, das wahlweise interpretiert und instrumentalisiert werden kann für die jeweiligen Interessen. Und deutsche Bellizisten imaginierten vor dem Irakkrieg einen neuen Hitler (= Saddam Hussein) oder bedienen sich heute Putin-Hitler-Vergleichen.

Jede Instrumentalisierung des deutschen Faschismus und seines antisemitischen und rassistischen Vernichtungskrieges als Rechtfertigung für aktuelle imperiale Kriegspolitiken ist unzulässig, gefährlich und widerwärtig. Ob die Grünen 1999 Kampfjets auf Belgrad schickten, selbsternannte Kriegsstrategen 2001 die Bomben auf Kabul und 2003 auf Bagdad begrüßten oder »Interventionen« in Libyen 2011 und anderswo forderten: Diese Kriegsstrategen sind stets als Claqueure des einen oder anderen verbrecherischen Imperiums geendet. **

2022/2023 – der Anfang vom globalen Krieg um die Welthegemonie

Lassen wir uns also nicht länger dumm machen von der Macht der Herrschenden und unserer angeblichen Ohnmacht. Im Krieg zwischen Imperien, imperialen Blöcken und imperialistischen Konkurrenten ging und geht es nie um uns Menschen, um Gerechtigkeit, Menschenrechte, soziale Werte und Freiheit. So sehr es die Propaganda der Regierungen und der Mächtigen auch suggerieren mag. Es bleibt dabei: Sie schicken stets andere für ihre Interessen an die Front und in den Tod.

Ja, das Sterben in der Ukraine, die Bombardierung der ukrainischen Zivilbevölkerung durch Russland, die Vergewaltigung von Frauen, die Massaker und das Sterben in den Schützengräben sind schrecklich und unerträglich. So wie es die menschenverachtenden Kriegspraktiken Russlands seit Jahren sind, z. B. die Bombardierung der zivilen Infrastruktur von Schulen, Energieversorgung und Krankenhäusern in Syrien, Tschetschenien oder Georgien; nicht weniger unerträglich sind und waren die menschenverachtenden Kriegspraktiken der NATO in Ex-Jugoslawien, der USA in Vietnam, Chile, Afghanistan, Irak oder der Türkei in Kurdistan und Rojava.

Die kapitalistische Globalisierung und der globale Krieg sind schon lange zwei Seiten einer Medaille. Seit Jahrzehnten hat sich eine Blutspur von »Regime-Changes«, militärischen Interventionen und Kriegen westlicher Staaten durch Lateinamerika, Afrika, Asien und Europa gezogen. Die Globalisierung des Kapitalismus seit 1989 hat die Welt leider nicht friedlicher gemacht. Denn statt sich nach dem Ende des Kalten Krieges endlich für eine neue und wirkliche globale Friedensordnung stark zu machen, hat die Politik des siegreichen Westens die Konkurrenz um regionale und globale Hegemonien einfach weiter befeuert. Entstanden sind dabei aber auch neue Imperien und Subimperien, wie zum Beispiel China und Russland. Die Profite und die Aktienkurse sollten einfach immer weiter steigen. So eskalierte auch die weltweite Ausbeutung von Menschen und Natur sowie die Zerstörung des Klimas. Und anstatt der Logik von Zerstörung und Krieg endlich Einhalt zu gebieten, haben die Reichen und Mächtigen der Welt den globalen Wettstreit um Macht und geostrategische Hegemonien, um Rohstoffe und Absatzmärkte immer weiter befeuert.

Anstatt angesichts der Schrecken des russischen Angriffskrieges auf die Ukraine innezuhalten und endlich aus der Logik dieser Dynamik der Zerstörung zu desertieren, haben sich auch im Jahr 2022 nach 1914, 1999, 2001 und 2003 wieder große Teile der Gesellschaften in die jeweils herrschende Logik hineinzwingen lassen. Diesmal werden Waffenlieferungen und Krieg in Deutschland als alternativlos festgeschrieben. Beim Angriffskrieg Russlands gegen die Ukraine soll es sogar um die gesamte europäische Ordnung, um einen Kampf gegen das freiheitliche, demokratische Modell Europas und des Westens gehen. Wer Zweifel anmeldet, dass mehr Waffenlieferungen und eine Eskalation des Krieges jemals Frieden bringen können, wird zunehmend diffamiert. Haben wir alles vergessen?

Nach der Befreiung vom Faschismus wurden einige sehr wichtige Grundsätze als Konsequenz aus dem NS-Staat gezogen: In der jungen Bundesrepublik sollte fortan das Recht auf Meinungs- und Versammlungsfreiheit, eine strikte Trennung von Polizei und Geheimdiensten sowie das unteilbare Recht auf Asyl für alle politisch Verfolgten gelten. Diese Rechte und Grundsätze werden seit Jahrzehnten ausgehöhlt. Am 8. Juni 2023 hat die deutsche Innenministerin auf dem EU-Gipfel in Luxemburg nun der faktischen Abschaffung des Asylrechts zugestimmt. In dem Lied »Schäm dich Europa« von 2021 heißt es:

Und nun fliehen die Ärmsten vor deinen Gewehren
Und du lässt sie ersaufen in verseuchten Meeren
(...)
Schäm dich Europa. Wie konnte das sein?
Hat dich die Hoheit des Markts so verblendet?
Die an Menschlichkeit glauben lässt du allein
Du hast die schönsten Ideen geschändet
Du hast dich besonnen, viele gute Ideen
Erwuchsen dem Grauen, manche blieben bestehn
Du hattest die Chance zu einem wirklichen Sieg
Nie wieder Faschismus. Nie wieder Krieg

Wir haben uns bisher nicht für die Festung Europa stark gemacht, die Zehntausende Menschen an ihren Außengrenzen tötet und in verseuchten Meeren ertrinken lässt. Lasst uns auch jetzt und in Zukunft nicht für ein wie auch immer geartetes patriarchales Vaterland an die Front ziehen! Es ist Zeit, endlich wieder Nein zu sagen zu Waffenlieferungen in Kriegsgebiete und zu jeder Kriegslogik, wie es in der antimilitaristischen Version des Liedes »Sage Nein!« von 2007 heißt:

Wenn sie dich jetzt rekrutieren
Hab den Mut zu desertieren
Lass sie stehn, die Generäle

Und verweigre die Befehle
Menschen werden zu Maschinen
In den Militäranstalten
Niemand soll mehr denen dienen
Die die Welt so schlecht verwalten
Nie mehr solln uns jene lenken
Die nicht mit dem Herzen denken
Lass dich nie mehr auf sie ein
Sage Nein

Denn wir stellen fest, dass sich das Europa von 1999 nicht wesentlich von dem des Jahres 2023 unterscheidet. Die Instrumentalisierung von Auschwitz durch Joschka Fischer für seine Kriegspolitik hat nie auf Menschenrechte, Frieden und soziale Gerechtigkeit abgezielt. Und genauso wenig tut dies die Instrumentalisierung des Feminismus durch die aktuelle grüne Außenministerin oder die »wertebasierte« Rohstoffbeschaffung durch den grünen Wirtschaftsminister. In der eskalierenden Konkurrenz der Imperien setzt ihr »grünes« Modernisierungsmodell des Kapitalismus auf Kriegswirtschaft und Standortsicherung. Doch in den Schützengräben der kapitalistischen Konkurrenz sterben schließlich nicht die, die verkünden, dass nur ihre Waffen und Kriege den Frieden bringen. Und die behaupten: Krieg ist die Voraussetzung für Frieden!

Es liegt an uns, endlich aus diesen imperialen, rassistischen und patriarchalen Verhältnissen zu desertieren und nationalstaatliche, imperial grundierte Kriege nicht zu unterstützen, sie nicht zu befeuern. Nur ein kompromissloser Ausstieg kann uns aus der imperialen Kriegslogik befreien. Es ist unsere Aufgabe, mit allen solidarisch zu sein und all diejenigen zu unterstützen, die in Russland, in der Ukraine oder sonst irgendwo den Kriegsdienst für die Interessen ihrer Staaten und ihrer Regierungen verweigern, die aus den Armeen ihrer Länder desertieren. Es ist unsere Aufgabe, die militaristische Logik hier bei uns in den Zentren der Macht lautstark und praktisch zu unterbrechen. Die Zeilen aus dem berühmten Chanson von Boris Vian bleiben gültig (Übersetzung von Hannes Wader):

Und ich werde den Leuten sagen:
Verweigert wie ich den Gehorsam
Widersetzt Euch dem Befehl,
in den Krieg zu ziehen
Wenn sie so sehr daran glauben,
dass es nötig ist,
in einen Krieg sei Blut zu vergießen
Monsieur le Président,
warum gehen sie dann nicht hin
und vergeben das ihre?

Wie schon 1999 werden wir auch diesmal wieder viel zu spät erkennen, dass das Schweigen gegen militaristische Kriegslogik und deren Unterstützung keine Menschenleben gerettet haben. Wer eine Welt ohne Kriege weiter für möglich halten will, muss jetzt anderes tun als Waffen liefern.

Im Tornado des nächsten großen Krieges, der sich mit steigenden Rüstungsaktien drohend ankündet, könnte sich nicht nur Europa in den Abgrund stürzen, sondern weite Teile der Welt. Die Imperien von USA, EU, der NATO, Russland und China scheinen entschlossen genug. Und so könnte der Krieg gegen und um die Ukraine erst das Vorspiel eines viel größeren globalen Krieges zwischen der Nato und China um die Welthegemonie sein.

Wenn wir wollen, dass dieser Krieg aufhört und mit ihm alle Kriege, müssen wir kämpfen für eine Welt, in der es alle Kinder gut hätten. Wir sollten uns heute wieder an Ernst Toller und auch an Rosa Luxemburg erinnern: »Völkerrecht, Staatsverträge, Bündnisse, heiligste Worte, höchste Autoritäten in Fetzen zerrissen; jeder Souverän von Gottes Gnaden den Vetter von der Gegenseite als Trottel und wortbrüchigen Wicht, jeder Diplomat den Kollegen von der anderen Partei als abgefeimten Schurken, jede Regierung die andere als Verhängnis des eigenen Volkes der allgemeinen Verachtung preisgebend.« Das nicht rechtzeitig gesehen zu haben, war das große Versagen der Menschen 1914 und 1999. Und es ist das große Versagen von vielen, die wieder einmal meinen, dem Krieg ein Ende machen zu können, indem sie ihn auf der Seite der einen oder anderen imperialen Macht unterstützen mit welcher Rechtfertigung auch immer. Deshalb kritisieren wir auch jene, die angeblich Frieden fordern, die aber die imperiale Kriegslogik von Russland oder China verharmlosen, verleugnen und sich dabei noch nicht einmal mehr davor ekeln, mit Faschisten und Querfrontstrategen gemeinsame Sache zu machen. Faschismus ist keine Meinung, sondern ein Verbrechen!

Hoffnung kann nur erwachsen aus einer kompromisslosen internationalen Bewegung gegen die Kriegslogiken aller Imperien. Lasst uns weltweit gemeinsam handeln, lasst uns gemeinsam aus den imperialen, rassistischen und patriarchalen Verhältnissen desertieren! Lasst uns endlich gemeinsam Nein sagen gegen jede Kriegslogik!

Konstantin Wecker und Michael Backmund

»DAS FALSCHE HELDENTUM«

»Ich hatte den Gegner erkannt, gegen den ich zu kämpfen hatte – das falsche Heldentum, das lieber die anderen vorausschickt in Leiden und Tod, den billigen Optimismus der gewissenlosen Propheten, der politischen wie der militärischen, die, skrupellos den Sieg versprechend, die Schlächterei verlängern, und hinter ihnen den Chor, den sie sich mieteten, all diese ›Wortemacher des Krieges‹, wie Werfel sie angeprangert in seinem schönen Gedicht. Wer ein Bedenken äußerte, der störte sie bei ihrem patriotischen Geschäft, wer warnte, den verhöhnten sie als Schwarzseher, wer den Krieg, in dem sie selber nicht mitlitten, bekämpfte, den brandmarkten sie als Verräter. Immer war es dieselbe, die ewige Rotte durch die Zeiten, die die Vorsichtigen feige nannte, die Menschlichen schwächlich, um dann selbst ratlos zu sein in der Stunde der Katastrophe, die sie leichtfertig beschworen.«

Stefan Zweig, Die Welt von gestern, 1941

ANMERKUNGEN (*, **)

»Die Barbarei triumphiert, Nationalismus und Rassenhass und Staatsvergottung blenden die Augen, die Sinne, die Herzen. Viele haben gewarnt, seit Jahren gewarnt. Daß unsere Stimmen verhallten, ist unsere Schuld, unsere größte Schuld«, schreibt Ernst Toller im Exil am 10. Mai 1933 in seinem Text »Blick 1933«. Diesen Text stellt er als Vorwort seinem beeindruckenden Werk »Eine Jugend in Deutschland« voran. Als Antimilitarist schwer verletzt aus den Schützengräben des Ersten Weltkrieges zurückgekehrt, beteiligte sich Toller seit 1917 mit Kurt Eisner, Sonja Lerch, Erich und Zenzl Mühsam und vielen anderen in München an den Vorbereitungen der Revolution:

Beim Streik der Munitionsarbeiter*innen im Januar 1918 wird Toller verhaftet, im November 1918 ist er beim Sturz der Monarchie und der Räterevolution aktiv dabei. Nach der blutigen Niederschlagung der Münchner Räterepublik durch die Truppen des SPD-Bluthundes Gustav Noske und seiner Verbündeten, den präfaschistischen Freikorps, wird Toller wegen Hochverrates zu fünf Jahren Festungshaft verurteilt. *»Nein, ich war nie allein in diesen fünf Jahren, in der trostlosesten Verlassenheit nie allein. Die*

Sonne hat mich getröstet und der Mond, Wind, der über eine Pfütze strich und sie wellte zu fliehenden Kreisen, Gras, das im Frühjahr wuchs zwischen Steinen des Hofes, ein guter Blick, ein Gruß geliebter Menschen, Freundschaft der Kameraden, der Glaube an eine Welt der Gerechtigkeit, der Freiheit, der Menschlichkeit, an eine Welt ohne Angst und ohne Hunger«, schreibt Toller am Ende seines Werkes »*Eine Jugend in Deutschland*«.

Bis zu seinem Tod am 22. Mai 1939 im New Yorker Exil schreibt und kämpft er weiter gegen Kapitalismus und Krieg und den immer stärker werdenden deutschen Faschismus an.

Im Rückblick begann das Scheitern der deutschen Linken 1933 – 1939 bereits 1919: Die Revolution konnte sich nicht globalisieren, und die Zerschlagung der antimilitaristischen Bewegung gegen den drohenden Krieg wurde von den Faschisten danach zum höchsten Ziel erhoben. Die einen starben in den Lagern, auf der Flucht, im Exil oder als Partisan*innen. Andere kämpften als Antimilitarist*innen und Pazifisten gegen Nazi-Deutschland. Keine dieser Entscheidungen darf heute als Rechtfertigung für welche imperiale Kriegspropaganda auch immer dienen.

QUELLEN

Vorwort

Arno Gruen, Ich will eine Welt ohne Kriege
© Klett Cotta, Stuttgart 2006

Henry Miller, Vom großen Aufstand, Rowohlt, Hamburg

Teil 1
Lyrik, Prosagedichte, Liedtexte, Gedanken 2012–2020

Lieber Mitmensch
Erstveröffentlicht wecker.de Notizen 11. Januar 2012

Eine Revolution des Geistes
Erstveröffentlicht wecker.de Notizen 28. Juni 2012

Unheimliche und launige Gedanken beim Betrachten eines Bildes des Bundesvorsitzenden der Nationaldemokratischen Partei Deutschlands
Erstveröffentlicht wecker.de Notizen 25. Januar 2013

Die Seite des Herzens
Erstveröffentlicht wecker.de Notizen 26. Juli 2014

Ein kleiner Höckerick
Erstveröffentlicht wecker.de Notizen 19. Mai 2016

Der Liebe zuliebe
in »Dann denkt mit dem Herzen« (Gütersloher Verlagshaus 2016) veröffentlicht

Hass kann man verwandeln
in »Dann denkt mit dem Herzen« (Gütersloher Verlagshaus 2016) veröffentlicht

Pazifistisches Credo
bereits mehrfach veröffentlicht (dtv 2015, »Entrüstet euch« – beide Auflagen, Gütersloher Verlagshaus 2015 und bene! 2022)

Ja, ich bin ein »Gutmensch«
in »Dann denkt mit dem Herzen« (Gütersloher Verlagshaus 2016) veröffentlicht

Denkt mit dem Herzen
in »Dann denkt mit dem Herzen« (Gütersloher Verlagshaus 2016) veröffentlicht

Warum ich kein Patriot bin
in »Das ganze schrecklich schöne Leben« (Gütersloher Verlagshaus 2017) veröffentlicht

Ich danke dir Leben
in »Auf der Suche nach dem Wunderbaren« (Gütersloher Verlagshaus 2018) veröffentlicht

Den Parolen keine Chance
in »Auf der Suche nach dem Wunderbaren« (Gütersloher Verlagshaus 2018) veröffentlicht
Sturm & Klang Musikverlag/Alisa Wessel Verlag

Das Leben will lebendig sein
Erstaufführung Abendschau (BR) 25. September 2018, erstveröffentlicht Album Sage Nein – Antifaschistische Lieder 1978 bis heute (Sturm & Klang 11/2018)
Sturm & Klang Musikverlag/Alisa Wessel Verlag

Christian Lindner
Erstveröffentlicht wecker.de Notizen 11. März 2019

Liebe Carola Rackete
Erstveröffentlicht wecker.de Notizen 2. Juli 2019

Teil 2
Utopia 2021/22

Prolog: Faust
in »Poesie und Widerstand in stürmischen Zeiten« (Kösel 2021) veröffentlicht

An die Musen
Ach es regnet
Zuletzt veröffentlicht im dtv Gedichtbuch

Was einem der Regen raunend erzählt
Warum Sonette?
Bin ich endlich angekommen?
Was mich wütend macht
Es gibt kein Recht auf Gehorsam
Was uns am Leben hält
Die Tage grau
Es lebe die Zerbrechlichkeit
Wir werden weiter träumen
Schäm dich Europa
Utopia
Wie lieb ich es, den Tieren zuzusehn
Anstatt zu siegen

Alle Texte ab »An die Musen« außer »Ach es regnet«.
Album »Utopia« (Sturm & Klang 10/2021); Sturm & Klang Musikverlag / Alisa Wessel Musikverlag

Foto: Thomas Karsten

VITA

Konstantin Wecker, geboren 1947, Poet, Sänger und Komponist, engagiert sich seit Jahrzehnten für Zivilcourage, Pazifismus und Antifaschismus. Er wurde mit zahlreichen Preisen ausgezeichnet, u. a. mit dem Erich-Fromm-Preis (2007) und mit dem Erich-Mühsam-Preis (2016). Wenn er nicht gerade on tour ist, lebt er in München. Konstantin Wecker ist Bestsellerautor.

www.wecker.de

Die Kraft des Pazifismus

In vielen Ländern der Erde stehen gerade alle Zeichen auf Hochrüstung. Wer sich dagegen ausspricht, wird in der medialen Debatte verspottet. Margot Käßmann und Konstantin Wecker sind dennoch überzeugt, dass Gewaltlosigkeit der einzige Weg ist, der herausführt aus Konflikten. Für die aktualisierte Neuausgabe dieses Buches haben sie neben eigenen Gedanken zum Thema Krieg und Frieden auch Texte verschiedener pazifistischer Traditionen zusammengestellt, die zeigen, welche Kraft ein gewaltloses Handeln haben kann.

Margot Käßmann &
Konstantin Wecker (Hg.)

Entrüstet euch!
Von der bleibenden Kraft
des Pazifismus

Hardcover mit Schutzumschlag
208 Seiten
ISBN 978-3-96340-249-4
€ [D] 19,– · € [A] 19,60

Der Verlag weist ausdrücklich darauf hin, dass im Text enthaltene externe Links vom Verlag nur bis zum Zeitpunkt der Buchveröffentlichung eingesehen werden konnten. Auf spätere Veränderungen hat der Verlag keinerlei Einfluss. Eine Haftung des Verlags ist daher ausgeschlossen.

Besuchen Sie uns im Internet:
www.bene-verlag.de

Aus Verantwortung für die Umwelt hat sich die Verlagsgruppe Droemer Knaur zu einer nachhaltigen Buchproduktion verpflichtet. Der bewusste Umgang mit unseren Ressourcen, der Schutz unseres Klimas und der Natur gehören zu unseren obersten Unternehmenszielen. Gemeinsam mit unseren Partnern und Lieferanten setzen wir uns für eine klimaneutrale Buchproduktion ein, die den Erwerb von Klimazertifikaten zur Kompensation des CO_2-Ausstoßes einschließt. Weitere Informationen finden Sie unter: www.klimaneutralerverlag.de

FSC
www.fsc.org
MIX
Papier | Fördert gute Waldnutzung
FSC® C083411

Originalausgabe Oktober 2023
© 2023 bene! Verlag
Ein Imprint der Verlagsgruppe
Droemer Knaur GmbH & Co. KG, München.
Alle Rechte vorbehalten. Das Werk darf – auch teilweise – nur mit Genehmigung des Verlags wiedergegeben werden.
Lektorat: Stefan Wiesner
Gestaltung: Maike Michel
Coverfoto: Thomas Karsten
Druck und Bindung: CPI books GmbH, Leck
ISBN 978-3-96340-283-8

5 4 3 2